P9-CDC-256

EDICIÓN **ZETA** LIMITADA
TAPA DURA

Título original: *He's just not that into you*

Traducción: Ana Pérez

1.ª edición: mayo 2010

© 2004 by Greg Behrendt & Liz Tuccillo
© Ediciones B, S. A., 2010
   para el sello Zeta Bolsillo
   Bailén, 84 - 08009 Barcelona (España)
   www.edicionesb.com
   www.edicionesb.com.mx

ISBN: 978-84-9872-344-1
Depósito legal: B. 41.513-2009

Impreso por World Color Querétaro, S.A. de C.V.

Todos los derechos reservados. Bajo las sanciones establecidas en el ordenamiento jurídico, queda rigurosamente prohibida, sin autorización escrita de los titulares del *copyright*, la reproducción total o parcial de esta obra por cualquier medio o procedimiento, comprendidos la reprografía y el tratamiento informático, así como la distribución de ejemplares mediante alquiler o préstamo públicos.

Qué les pasa a los hombres

GREG BEHRENDT Y LIZ TUCCILLO

EDICIÓN ZETA LIMITADA

TAPA DURA

R05022 95452

Este libro está dedicado a todas las encantadoras mujeres cuyas historias nos inspiraron a escribirlo. Ojalá no tengamos que escribir ninguno más.

Índice

Agradecimientos

Este libro no habría visto la luz sin la participación de algunas personas. En primer lugar, y de forma muy destacada, debemos dar las gracias a todas las ingeniosas habitantes de la sala de guionistas de la serie *Sex and the City*. Nos referimos a Cindy Chupack, Jenny Bicks, Amy B. Harris, Julia Sweeney, Julie Rottenberg, Elisa Zuritsky (quienes, juntas, escribieron el sorprendente episodio que lanzó por primera vez al mundo el mensaje de *¿De verdad está tan loco por ti?*) y, por supuesto, a nuestro genial director Michael Patrick King. Nuestro cariño y nuestra más profunda gratitud a todos ellos por su apoyo, generosidad y jovialidad sobrehumana.

Queremos expresar nuestro agradecimiento a todos los que, desde el principio, apoyaron la idea de escribir este libro descabellado. Ellos son John Melfi, Sarah Condon, Richard Oren y todos los demás que ofrecieron su ayuda en HBO. El superagente y amigo Greg Cavic, de ICM, puso en marcha el proyecto y Julie James nos dio un empujoncito cuando era necesario. Muchísimas gracias a los dos. Nuestro más profundo agradecimiento a Andy Barzvi, nuestro agente literario, que fue la primera persona en tomarse en serio este libro y supo arreglárselas para que fuera un éxito de ventas. Muchas gracias a nuestro editor, Patrick Price, que siempre ha sido todo un caballero y un auténtico erudito.

Gracias a los hombres y mujeres que contestaron a nuestros cuestionarios, nos explicaron sus experiencias, nos formularon preguntas y nos ayudaron a ser fieles a la realidad. Gracias también a nuestros amigos y familiares por su apoyo entusiasta, sobre todo a Shirley Tuccillo y a Kristen Behrendt.

Y por último, pero no por ello menos importante, queremos expresar nuestro agradecimiento a Amiira Ruotola Behrendt, cuya colaboración, pasión, humor, talento, cariño y ejemplo de extraordinaria astucia hicieron que este libro saliera adelante.

Nota de los autores

Las historias que leerás en este libro son ejemplos ilustrativos que no están basados en casos ni en personas específicas. No importa lo que alguno pueda pensar, no son intentos transparentes de burlarnos públicamente de nuestros amigos, enemigos o ex.

(Aunque no vamos a negar que la idea se nos pasó por la cabeza.)

Greg y Liz

Introducción de Liz

Todo empezó como cualquier otro día. Las guionistas de *Sex and the City** estábamos reunidas, trabajando en un nuevo episodio de la serie, hablando y aportando ideas, mezclando nuestras propias vidas sentimentales con las vidas de ficción que estábamos creando. Y, como en cualquier otro día, una de las guionistas pidió la opinión al resto del equipo sobre el comportamiento de un hombre que le gustaba. Le estaba enviando mensajes contradictorios y ella no sabía a qué atenerse.

Nosotras estuvimos encantadas de centrarnos en su historia y empezamos a desmenuzar todos los signos y señales que aquel hombre le estaba enviando. Y, como en cualquier otro día, tras mucho análisis y mucha discusión, llegamos a la conclusión de que ella era fabulosa y él debía de estar asustado. Nunca había conocido a una mujer tan extraordinaria y se sentía intimidado, de modo que ella sólo tenía que darle tiempo. Pero aquel día había un asesor en la sala, alguien que viene un par de veces a la semana para darnos su opinión sobre los ar-

---

* En algunos países, entre ellos España, la serie se denominó *Sexo en Nueva York*. En otros, como México, se llamó *Sexo en la ciudad*.

gumentos y aportar un valioso punto de vista inequívocamente masculino: Greg Behrendt. Aquel día Greg escuchó atentamente la historia y nuestras reacciones, y luego le dijo a la mujer en cuestión: «Mira, me parece que no está tan loco por ti.»

Nos quedamos sorprendidas, consternadas, extrañadas, horrorizadas y, sobre todo, intrigadas. De inmediato, presentimos que aquel hombre podía estar en lo cierto. Había dicho una verdad que, en los siglos de experiencia con hombres que sumábamos entre todas, nunca habíamos considerado y, desde luego, jamás nos habíamos planteado expresar en voz alta.

«Bueno, tal vez tenga razón», fuimos reconociendo a regañadientes una tras otra. Pero Greg no podía saber lo ocupados que estaban y lo complicados que eran nuestros posibles futuros maridos. Enseguida nos encontramos contándole a Greg, el Buda omnisciente, todas nuestras experiencias de desencuentros amorosos. Teníamos excusas para todos aquellos hombres, desde que no podían marcar nuestro número de teléfono por haberse roto un dedo hasta que habían sufrido una infancia difícil. Greg fue descartando las excusas una tras otra con su lengua viperina. Nos hizo entender, tras grandes esfuerzos, que si un hombre (en su sano juicio) está loco por ti, no habrá nada que se interponga en su camino. Y, si no está en su sano juicio, ¿por qué te iba a interesar? Además, sabía de lo que hablaba. Se había pasado muchos años saliendo con mujeres, dándoles una de cal y otra de arena, hasta que, al fin, se enamoró de una mujer realmente fantástica y se casó con ella.

De repente, todas vimos la luz, especialmente yo. Llevaba años quejándome de los hombres y de sus mensajes contradictorios, y, por fin, me di cuenta de que no eran en absoluto contradictorios. Era yo quien no había sabido interpretarlos. Lo que había ocurrido, simple y llanamente, era que a ninguno de aquellos hombres le había interesado de verdad.

A primera vista, puede parecer que aquello debería habernos desmoralizado, que debería habernos hundido a todas en la miseria. Pero ocurrió justamente lo contrario. El saber es poder, y, lo más importante, ahorra tiempo. Decidí que, a partir de aquel día, dejaría de pasarme horas y horas esperando a que sonara el teléfono, horas y horas obsesionándome con él, horas y horas deseando que sus mensajes contradictorios significaran, en el fondo: «Estoy enamorado de ti y quiero estar contigo.» Greg nos recordó que éramos mujeres atractivas, inteligentes y divertidas, y que no deberíamos desperdiciar nuestro tiempo haciendo cábalas sobre por qué no nos llama un hombre. Como señaló Greg, el tiempo es oro.

¡Parece mentira! Siempre nos han enseñado que en la vida debemos intentar ver el lado bueno de las cosas, ser optimistas. Pero en este caso no es así. En este caso, tienes que ver el lado malo. Primero asume el rechazo. Asume que eres la regla, no la excepción. Es embriagadoramente liberador. Pero también sabemos que no se trata de un concepto fácil. Porque lo que hacemos es lo siguiente: salimos con un hombre, nos ilusionamos con él, y entonces él hace algo que nos decepciona un poco. Luego empieza a hacer cosas que nos decepcionan un poco más, y nos continúa decepcionando. Entonces nos «ponemos el chip» de las hiperexcusas durante varias semanas, o tal vez meses, porque lo último que queremos pensar es que ese hombre tan genial con quien estamos tan ilusionadas está en camino de convertirse en un canalla. Intentamos encontrar alguna explicación a su comportamiento, cualquier explicación, por ridícula que sea, salvo la única explicación verdadera: no está loco por mí.

Ése es el motivo de que hayamos incluido preguntas de mujeres extraídas de situaciones reales. Representan las principales excusas que todas utilizamos para alargar determinadas situaciones mucho más de lo que deberían durar. Así que lee, disfruta y, a ser posible, aprende de la confusión de otras mujeres. Y, sobre todo, si el hombre con quien estás saliendo no parece estar realmente interesado por ti o sientes la necesidad de inventar una excusa tras otra para justificar su comportamiento, por favor, considera la espléndida idea de que tal vez él no está tan loco por ti. Y libérate para ir a buscar al hombre que de verdad lo esté.

Introducción de Greg

Estaba sentado en la sala de guionistas de *Sexo en Nueva York*, pensando en la suerte que tengo de ser el único hombre en un equipo predominantemente femenino, cuando las guionistas empezaron a hablar sobre los hombres con quienes estaban saliendo. Se trata de algo bastante habitual, pues forma parte del proceso de elaboración de los argumentos en una serie que explora las relaciones sentimentales. Es algo que siempre encontraré fascinante. Sé que puedo parecer sarcástico, pero lo digo en serio.

Pues bien, ese día en concreto, una de las guionistas comentó: «Greg, tú eres un hombre.» Demostró ser muy observadora, pues es obvio que lo soy. Luego dijo: «Llevo un tiempo saliendo con un hombre... Bueno, eso creo.» Pensé que aquello me sonaba a conocido. «¿Sabes?, fuimos al cine y fue genial. O sea, no me cogió la mano, pero ya me parece bien: no me gusta que me cojan la mano.» Me seguía sonando a conocido. «Pero después me besó en el aparcamiento. De modo que lo invité a subir a casa, y el caso es que él tenía una reunión muy importante a la mañana siguiente y rechazó mi invitación.» Venga, pensé yo, ¿me estás tomando el pelo? ¡Era evidente!

Así que le pregunté: «¿Has tenido noticias suyas?»

«Bueno, ése es el problema —contestó ella—. Eso ocurrió hace una semana [vamos, que ya deberías saber la respuesta] y hoy va y me envía un mensaje de correo preguntándome que por qué no he dado señales de vida.»

La miré fijamente durante unos segundos mientras la respuesta se reflejaba en mis ojos. (¡Las mujeres a veces me ponéis de los nervios!) Tenía delante una mujer atractiva, con talento, superinteligente y guionista de una serie de televisión ganadora de un premio y conocida por sus incisivas observaciones sobre los hombres, una mujer que cualquiera podría pensar que tiene muchos hombres entre los que elegir. Esta supermujer está hecha un lío a causa de una situación que para mí está más clara que el agua. De hecho, la expresión «hecha un lío» no es correcta, porque ella es demasiado inteligente para eso. Está ilusionada y esperanzada, no hecha un lío. Pero la situación es desesperante, de modo que le di la noticia: «No le interesas.»

Y ¿sabes una cosa?: es una buena noticia, porque malgastar el tiempo con la persona equivocada es sólo eso: una pérdida de tiempo. Y cuando reacciones, te pongas las pilas y encuentres a la persona adecuada, créeme, no desearás haber desperdiciado más tiempo con el ladrón de tiempo, o con el amnésico del teléfono.

Mira, yo no soy ningún médico, ni real ni imaginario. Pero soy un experto a quien deberías prestar atención por un motivo muy importante: soy un hombre, un hombre que tiene una larga lista de relaciones a sus espaldas y está deseando expiar sus culpas por el modo en que se comportó en ellas. Porque soy un hombre, sé cómo piensan, sienten y actúan los hombres, y es mi responsabilidad explicarte cómo somos realmente. Estoy harto de ver a mujeres excepcionales en relaciones que no van a ninguna parte.

Cuando un hombre esté loco por ti, te lo dejará bien claro. Te llamará por teléfono, se pasará por tu casa, querrá conocer a tus amigos, no podrá apartar sus ojos —ni sus manos— de ti y, cuando llegue el momento de mantener relaciones sexuales, estará encantado de complacerte. Aunque acaben de elegirlo presidente de Estados Unidos y sean las cuatro de la madrugada (¡he dicho las cuatro de la madrugada!), acudirá a la cita.

Los hombres no somos complicados, aunque nos gusta que las mujeres creáis que lo somos, como cuando salimos con excusas del tipo de: «Ahora estoy muy liado. Estoy metido en mil cosas a la vez.» Lo que más nos tira es el sexo, por más que disimulemos. Y lamentablemente (y lo más vergonzoso de todo), perderíamos un brazo antes que decirte: «No eres la mujer de mi vida.» Estamos bastante convencidos de que te matarías o nos matarías a nosotros o ambas cosas a la vez; o aún peor, te pondrías a llorar y a gritarnos. Somos patéticos. Pero la cuestión es que, aunque no te lo digamos, te lo estamos demostrado constantemente con una claridad diáfana. Si un tipo te dice que te llamará y luego no lo hace, o no acaba de dejar claro si sois o no sois pareja, ya tienes la respuesta. Deja de buscar excusas para justificar su comportamiento, sus acciones están diciendo la verdad a gritos: no está loco por ti.

¡Reacciona! Haz balance y deja de perder el tiempo. ¿Por qué permanecer en ese incómodo limbo de relaciones que no van a ninguna parte cuando puedes desplazarte a un territorio que, sin lugar a dudas, será mucho mejor? ¿No quieres ni oírlo? Está bien. Aquí tienes la respuesta que quieres oír: «¡Sigue aguantando! No es el desgraciado que todo el mundo quiere hacerte creer que es. Si tienes paciencia y mantienes la boca cerrada, le llamas justo en el momento adecuado, prevés sus cambios de humor y no tienes ninguna expectativa sobre vuestra comunicación y sobre tus necesidades sexuales, ¡acabará siendo tuyo!» Pero, entonces, por favor, no te sorprendas cuando te deje o continúe arrastrándote por una relación completamente insatisfactoria.

Conocemos la historia y tú estás hasta las narices. Probablemente por eso estás leyendo este libro. Sabes que te mereces disfrutar de una relación estupenda. Estoy de acuerdo. Así que coge un rotulador fosforescente y ponte manos a la obra. Liz me leyó el pensamiento: ¡El tiempo es oro!

Todas estáis saliendo con el mismo hombre

¿Sabes? Conozco al hombre con quien estás saliendo

Sí, lo conozco. Es ese tipo que siempre está sumamente cansado después del trabajo, sumamente estresado con el proyecto que tiene entre manos. Acaba de salir de una relación y lo está pasado francamente mal. El divorcio de sus padres lo marcó mucho y es muy inseguro. Ahora se tiene que centrar en su carrera. No puede comprometerse con nadie hasta que encarrile su vida. Se acaba de cambiar de casa y el traslado ha sido un agobio. En cuanto las aguas vuelvan a su cauce, dejará a su mujer, a su novia o su asqueroso trabajo. ¡Dios mío! ¡Es tan complicado!

Es un hombre fabricado completamente sobre la base de tus excusas. Y en cuanto dejes de buscárselas, desaparecerá por completo de tu vida. ¿Existen hombres que están demasiado ocupados o han tenido una experiencia tan horrible que les resulta muy difícil implicarse en una relación sentimental? Sí, pero son tan pocos que podríamos contarlos con los dedos de una mano. Porque, como ya hemos sugerido, un hombre preferiría ser arrollado por una manada de elefantes en estampida a decirte que no te quiere. Por eso hemos escrito este libro. Queríamos, por decirlo de algún modo, sacar las excusas del armario, para poder verlas como lo que son: excusas francamente malas.

¿Recuerdas aquella película en que la chica tuvo que esperar y esperar hasta que el chico le pidió una cita y luego buscó excusas cuando él no se presentó? Más adelante se acostaron juntos una noche que los dos estaban borrachos y, bueno, sin saber cómo terminaron haciéndose novios o algo parecido. Entonces él la engañó, pero ella sabía en su fuero interno que, si lo perdonaba, mantenía bajas sus expectativas y seguía claudicando, lo acabaría consiguiendo. Él fue borracho a la boda, y tuvieron una vida desdichada en una relación insatisfactoria que se había levantado sobre unos cimientos que se tambaleaban desde el principio. ¿No la recuerdas? Es porque no se hacen ese tipo de películas, porque no es así como es el amor. La gente se siente impelida a hacer cosas extraordinarias para encontrar a la persona amada y estar con ella. Las grandes películas tratan de eso, y todas las relaciones que admiras nacen con una grandeza que desearías tener en tu propia vida. Y cuanto más te valores a ti misma, más probabilidades tendrás de encontrar una relación así. O sea que lee las siguientes excusas, ríete de ellas y luego... olvídalas para siempre. Te lo mereces.

I

No está loco por ti si no te pide una cita

Porque si le gustas, créeme, te invitará a salir

Muchas mujeres me han dicho: «Greg, los hombres gobiernan el mundo.» ¡Caramba! Eso nos hace parecer bastante capacitados. Entonces, dime, ¿por qué a veces nos consideras incapaces de hacer algo tan sencillo como descolgar el teléfono, marcar tu número y pedirte una cita? A veces parece que creas que somos «demasiado tímidos» o que «estamos saliendo de algo». Déjame que te lo recuerde: a los hombres nos encanta conseguir lo que queremos. (Sobre todo, después de un día muy duro intentando gobernar el mundo.) Si nos interesas, te encontraremos. Si crees que no le diste suficiente tiempo para que se fijara en ti, piensa en el tiempo que necesitaste tú para fijarte en él y divídelo entre dos.

Ahora estás empezando a leer este libro, una experiencia que puede cambiar tu vida. Hemos expuesto las historias que nos han contado y las preguntas que nos han hecho siguiendo un formato sencillo de preguntas y respuestas. Con un poco de suerte, leerás las siguientes preguntas y enseguida te darás cuenta de lo que son: excusas que han dado otras mujeres para justificar sus situaciones insatisfactorias. Pero, por si no tienes tanta suerte, hemos incluido títulos explicativos para darte alguna pista.

La excusa «tal vez no quiera estropear nuestra amistad»

 Querido Greg:

Estoy muy decepcionada. Tengo un amigo con el que he mantenido una relación platónica durante diez años. Vive en otra ciudad y hace poco vino a la mía por motivos de trabajo, así que una noche quedamos para cenar. De repente, tuve la sensación de que estaba intentando ligar conmigo. Empezó a coquetear claramente. Hasta me dijo, tanteándome: «¿Y ahora a qué te dedicas, al mundo de las pasarelas?» (Eso es coquetear, ¿no?) Los dos estuvimos de acuerdo en que deberíamos volver a vernos pronto. Pues bien, Greg, estoy decepcionada, porque ya han pasado dos semanas y no me ha llamado. ¿Crees que debería llamarle yo? Tal vez le preocupe el hecho de transformar nuestra amistad en una relación sentimental. ¿Consideras que debería darle un empujoncito? Para eso están los amigos, ¿no?

Jodi

 Querida «Amante de la amistad»:

Dos semanas son dos semanas, salvo cuando son diez años y dos semanas. Ése es el tiempo que hace que tu amigo decidió si quería o no salir con una modelo o una chica que parece modelo.

¿Quieres ser su colega y darle un empujoncito? Hazlo, amante de la amistad, pero pronto comprobarás que, por mucho que le des un empujoncito, no conseguirás que te devuelva la llamada. Y, aunque aquella cena/cita le pareciera diferente, han pasado dos semanas y ha tenido tiempo para pensar en ello y decidir que no le gustas lo suficiente. Te diré la verdad: a los hombres no les importa estropear una amistad si puede desembocar en sexo, se trate de una «amistad con derecho a roce» o de una relación sentimental con todas las de la ley. Ya te puedes buscar a otro hombre que viva en tu mismo barrio y a quien tu conversación y tu aspecto de modelo le cautiven profundamente.

Greg

Detesto decírtelo, pero la excusa de «no quiero estropear nuestra amistad» no se sostiene. Funciona bien porque parece sensata. El sexo podría arruinar una amistad. Pero, lamentablemente, en toda la historia de la humanidad, ningún hombre ha utilizado esa excusa creyéndosela sinceramente, porque, cuando nos sentimos realmente atraídos por alguien, no podemos frenarnos, queremos más. Si un hombre tiene una amiga y se siente atraído por ella, querrá ir más lejos. Y, por favor, no me vengas con que «sólo está asustado». Lo único que le asusta —y te lo digo con todo el cariño del mundo— es lo poco que le atraes.

La excusa «tal vez le intimido»

 Querido Greg:

Estoy colada por mi jardinero. El otro día estaba podando las plantas de mi patio. Hacía calor. Se quitó la camisa —tenía calor—, y, cuando lo vi con el torso desnudo, me entró el calor a mí. Saqué unas cervezas y charlamos un rato. Creo que quiere pedirme una cita, pero no se atreve porque trabaja para mí. ¿Crees que debería dar yo el primer paso?

Cherie

 Querida «Flor del jardín secreto»:

Él es capaz de pedirte una cita. ¿No has visto nunca una peli porno? Ojalá llegue antes que el repartidor de pizzas. En serio, si no captó la indirecta después de las cervezas, no tiene nada que ver con el hecho de que tú seas su jefa. Ha llegado el momento de enfrentarse a la realidad y escuchar la mala noticia: no le interesas.

Greg

Déjame decírtelo otra vez, a pesar de las leyes contra el acoso sexual y de las normas del mundo laboral, un hombre pedirá una cita a una mujer de estatus superior si le gusta de verdad. Tal vez necesite un poco más de estímulo. Tal vez tengas que echarle un cable al chico de la oficina, o al exterminador, pero es mejor que no seas tú quien les pida una cita. De nuevo, bastará con un guiño y una sonrisa.

A propósito, ¿por qué quieres salir con el exterminador? Estaba bromeando, es un buen chico.

La excusa «tal vez prefiera ir despacio»

 Querido Greg:

Hay un hombre que me llama constantemente. Hace poco que se ha divorciado y está en Alcohólicos Anónimos. Recuperamos el contacto recientemente; nos llamamos muchas veces por teléfono, salimos juntos dos veces en la misma semana y todo fue muy agradable. No coqueteamos, no nos liamos ni nada semejante, pero nos divertimos. Desde entonces, no ha dejado de llamarme, pero nunca propone que volvamos a vernos. Es como si estuviera asustado o algo parecido. Puedo entender que, por todo ese rollo del divorcio, la bebida y la necesidad de empezar una nueva vida, quiera tomarse las cosas con calma. Pero la cuestión es que sigue llamándome continuamente para mantener largas conversaciones íntimas conmigo. ¿Qué demonios debo hacer con este hombre?

Jen

Querida «Almohada»:

Siento decírtelo, pero el hecho de que no te quiera ver en persona significa mucho por lo que respecta a la cuestión de iniciar una relación sentimental. Y si continúas con ese rollo de «recién divorciado intentando dejar el alcohol y empezar una nueva vida» va a entrarme sueño y voy a tener que echar una cabezadita. Cuando me despierte, probablemente me encontraré con que tu amigo ya ha encarrilado su vida. Sin embargo, todavía no habréis vuelto a quedar, porque, a pesar de todas las excusas que habrás inventado para justificar su comportamiento, todavía no te habrá pedido una cita. De todos modos, si eres una persona a quien le gusta mantener relaciones telefónicas medianamente gratificantes, ¡sigue hablando! Pero, en este punto, parece bastante obvio que no está precisamente loco por ti. Sé su amiga si te interesa mantener con él ese tipo de relación, pero dirige tus inclinaciones románticas hacia un futuro marido más idóneo.

Greg

Si a un hombre le gustas de verdad, pero, por motivos personales, necesita tomarse las cosas con calma, te lo dejará bien claro desde el principio. No tendrás que hacer conjeturas, porque él querrá asegurarse de que no te acabas frustrando y te largas.

La excusa «pero me dio su número de teléfono»

 Querido Greg:

La semana pasada conocí a un chico gua-
písimo en un bar. Me dio su número de teléfono y me dijo que lo llamara algún día. Pensé
que estaba bien que, en cierto modo, lo deja-
ra todo en mis manos. Puedo llamarle, ¿verdad?

Lauren

 Querida «Todo en tus manos»:

¿Lo dejó todo en tus manos o se está limitando a dejarte el trabajo más pesado? Lo único que hizo fue un
truco de magia: simuló que lo dejaba todo en tus manos,
pero, en realidad, ahora es él quien podrá decidir si quiere salir contigo, o incluso si quiere devolverte la llamada.
¿Por qué no coges el número de teléfono de semejante as
de la magia, lo enrollas dentro de un periódico, viertes leche encima y lo haces desaparecer?

Greg

«Llámame.» «Envíame un *mail*.» «Dile a Joey que podríamos salir juntos algún día.» No dejes que te enrede para que
tengas que ser tú quien le pida una cita. Cuando los hombres
quieren conseguir algo, hacen su trabajo. Sé que parece anticuado, pero cuando a un hombre le gusta una mujer, le pide
que salga con él.

La excusa «tal vez se olvidó de acordarse de mí»

Querido Greg:

Escucha esto. Estaba en una conferencia de trabajo y conocí a un hombre de otra sucursal de mi compañía. Sintonizamos inmediatamente. Juraría que estaba a punto de pedirme el número de teléfono cuando se produjo el gran apagón de 2003. En el alboroto, no pude darle mi número. Creo que el apagón es una buena excusa para llamarle, ¿no crees? Sólo es cuestión de educación, para ver cómo está. Si no le llamo, probablemente se pondrá triste al pensar que no me interesa.

Judy

Querida «Judy del apagón»:

La ciudad se quedó a ciegas, pero él no. Has dicho que trabajáis en distintas sucursales de la misma compañía. No se le van a caer los anillos por buscar tu dirección de correo electrónico o tu teléfono en el listado del personal de la compañía. Y, en el caso de que no tenga tantos recursos como tú..., supongo que tendrá una madre, una hermana o una amiga que podrá darle la idea, si le interesas de verdad.

P. D.: Debería darte vergüenza utilizar un desastre energético como excusa para llamar a un hombre.

Greg

Ten fe. Tú tuviste una impresión. Déjalo así. Si le gustaste, se acordará de ti incluso después de un tsunami, una inundación o si su equipo favorito baja a segunda. Si no le gustaste, no merece tu tiempo. ¿Sabes por qué? Porque tú vales mucho. (Pero no te lo creas demasiado.)

La excusa «tal vez no me va eso de hacerme de rogar»

 Querido Greg:

Es una estupidez. Sé que se supone que las mujeres no debemos llamar a los hombres, ¡pero yo los llamo constantemente porque me trae sin cuidado! Paso de hacerme de rogar. ¡Hago lo que se me antoja! He llamado a hombres cientos de veces. ¡Eres un tío cuadriculado y chapado a la antigua, Greg! ¿Por qué consideras que una mujer no puede llamar a un hombre para invitarle a salir?

Nikki

 Querida Nikki:

Porque no nos gusta. Bueno, a algunos hombres puede gustarles, pero sólo es porque son unos vagos. ¿Y quién quiere salir con un vago? Es así de simple. Yo no he hecho las reglas y es posible que ni siquiera esté de acuerdo con ellas. Por favor, no te enfades conmigo, Nikki. No estoy defendiendo que volvamos a la Edad de Piedra. Sólo considero que tal vez te interese ser realista sobre tu capacidad de modificar los impulsos básicos que caracterizan a la naturaleza humana.

O tal vez seas tú la elegida.

Greg

La mayoría de las veces, a los hombres les gusta perseguir a las mujeres. Nos gusta no saber si las podremos «cazar», y nos sentimos recompensados cuando lo logramos. Sobre todo cuando la persecución es larga. Sabemos que hace algún tiempo hubo una revolución sexual (y nos encanta). Sabemos que las mujeres son capaces de gobernar estados, presidir corporaciones multinacionales y criar hijos encantadores; a veces todo al mismo tiempo. Pero eso no hace distintos a los hombres.

¡ES MUY SENCILLO!

Imagínate que empiezo a dar saltos agitando el puño en el aire. Después me hinco de rodillas y grito: «Por favor, si sólo puedes creer una de las cosas que digo en este libro, deja que sea ésta: en lo que se refiere a los hombres, has de vernos tal como somos, no como a ti te gustaría que fuéramos.» Sé que el hecho de que a los hombres nos guste perseguir a las mujeres y tú tengas que dejarte «cazar» es una idea que puede sacarte de quicio. Lo sé. Es insultante. Es frustrante. Pero, lamentablemente, es lo que hay. Lo que yo creo es que, si eres tú la que tienes que perseguir a un hombre y pedirle una cita, nueve veces de cada diez no le gustarás de verdad. (¡Y queremos que creas que tú eres una de esas nueve veces!) No puedo decirlo lo bastante alto: tú, la mujer superastuta que está leyendo este libro, te mereces que te inviten a salir.

POR QUÉ CUESTA TANTO PONERLO EN PRÁCTICA (Liz)

Bueno, es obvio. ¿Nos estás diciendo que tenemos que limitarnos a cruzarnos de brazos y esperar? No sé a ti, pero a mí me pone furiosa. Me educaron en la creencia de que el esfuerzo y la planificación son la clave para conseguir que tus sueños se hagan realidad. Me he pasado la vida adoptando un papel activo para que las cosas sucedan. Hinqué los codos en la universidad y soy bastante competitiva en mi profesión. Hice contactos, concerté entrevistas, pedí favores. Tomé la iniciativa. Y ahora va Greg y nos dice que así están las cosas: se supone que las mujeres no debemos hacer absolutamente nada. Son los hombres quienes deben tomar la iniciativa. Se supone que nosotras sólo tenemos que ponernos «monas»: elegir un vestido, arreglarnos el pelo, maquillarnos y esperar a que ellos nos elijan. ¿Por qué no me aprietas un poco más el corsé para que me desmaye delante de algún hombre que acudirá en mi auxilio justo antes de que me atropelle el carruaje? Así conseguiré llamar su atención.

Lo cierto es que, en los tiempos que corren, lo que más les cuesta a muchas mujeres, y a mí particularmente, es no hacer nada. Nos gusta tramar cosas, llamar por teléfono, planificar.

Y me refiero a mucho más que asegurarnos de que no se nos estropea el peinado. A la mayoría de las mujeres que salimos con hombres, éstos no se nos echan encima cada día de la semana. A veces, pasan muchos días sin que nadie nos pida una cita. De modo que, cuando vemos a un hombre con quien tenemos la sensación de que podríamos iniciar una relación sentimental, todavía nos cuesta más dejar que sea él quien lleve la iniciativa. Es posible que no vuelva a presentarse una oportunidad similar durante mucho tiempo.

Pero... ¿sabes una cosa? Mi forma de actuar no me ha dado muy buenos resultados. De hecho, no me ha funcionado en absoluto. Nunca he tenido una relación que llegara a buen puerto con ningún hombre al que empecé persiguiendo. Estoy segura de que hay muchas historias en las que ha ocurrido justamente lo contrario. Pero, en mi caso, todos los hombres que he perseguido han acabado volviendo con sus ex novias, necesitando un poco de tiempo para sí mismos o cambiándose de ciudad por motivos de trabajo. Habitualmente, la cosa ni siquiera llega tan lejos. Generalmente se limitan a no devolverme la llamada. Y, para ser sincera, eso no me hace sentir en absoluto que controlo la situación.

Desde que aplico la filosofía práctica y sencilla de Greg, «no está loco por ti», siento que controlo mucho más las cosas. Porque si son los hombres los que te invitan a salir, si son ellos quienes tienen que captar tu atención, de hecho, eres tú la que tienes el control. No hacen falta intrigas ni maquinaciones. Y es maravilloso saber que lo único que tengo que hacer es estar lo más contenta posible con mi vida y sentirme lo mejor posible conmigo misma, para no tener la desagradable sensación de que lo que estoy haciendo es esperar a que alguien me invite a salir. Y, lo más importante, a todas nos conviene recordar que no necesitamos planificar o maquinar nada ni tampoco mendigar a nadie que nos invite a salir. ¡Somos fantásticas!

ASÍ ES COMO DEBERÍA SER
(Greg)

Una noche estaba tomando una copa en la barra de un bar, coqueteando con la camarera. Le pedí su teléfono. Ella me contestó: «No me gusta dar mi número de teléfono, porque los hombres no me llaman cuando dicen que van a hacerlo. Me llamo Lindsey Adams, y si quieres llamarme, busca mi número en el listín telefónico.» ¿Qué crees que hice al día siguiente? ¿Sabes cuántas Lindsey Adams hay en el listín telefónico de una ciudad grande? Basta con señalar que tuve que hablar con unas nueve o diez Lindsey Adams antes de dar con la mía.

Un actor que trabajaba con nosotros conoció a una chica mientras estaba haciendo una aparición pública en un portaaviones. Le perdió la pista al cabo de diez minutos, pero se quedó tan prendado de ella que consiguió localizarla en el ejército, y ahora están casados.

GREG, ¡LO HE ENTENDIDO!
(Leslie, 29 años)

¡Greg! Ya lo entiendo. Fui a una fiesta y conocí a un hombre. Nos pusimos a hablar inmediatamente los dos solos en una esquina. Me preguntó si era soltera y pareció satisfecho cuando le dije que sí. Siempre que se alejaba de mí para hablar con otra gente, ir a por bebida o por cualquier otro motivo, no me quitaba el ojo de encima. Me encantaba aquella sensación. Estaba emocionada y pensaba para mis adentros: «¡Oh, Dios mío. Creo que, por fin, lo he encontrado!» No me pidió el número de teléfono, pero tenemos amigos comunes, así que pensé que quería tomárselo con calma. ¡Todavía no me ha llamado! Y, ¿sabes una cosa?, normalmente, habría llamado a mis amigos, intentando conseguir su número de teléfono, averiguar lo que había pasado y, tal vez, encontrar la forma de volverlo a ver. Pero, en lugar de eso, me voy a limitar a pasar de él y a pasármelo bien. ¿A quién le importa lo que le haya ocurrido? No me ha pedido ninguna cita, así que... ¿para qué obsesionarme con él? Voy a salir esta noche e intentaré conocer a otra persona.

SI NO CREES A GREG

Hicimos una encuesta nada científica entre veinte amigos varones (cuyas edades oscilaban entre los 26 y los 45 años) que mantienen relaciones de pareja serias y duraderas. En ninguna de las relaciones fue la mujer la primera en invitar a salir al hombre. Un hombre dijo, incluso, que si su mujer hubiera tomado la iniciativa, «la cosa habría perdido la gracia».

Qué deberías haber aprendido en este capítulo

✔ Una excusa es un rechazo educado. Los hombres no temen «estropear la amistad».

✔ No caigas en la trampa de invitarle a salir. Si le gustas, te invitará él.

✔ Si tú le puedes encontrar, él también puede encontrarte a ti. Si quiere encontrarte, lo hará.

✔ El hecho de que a ti te guste llevar la iniciativa no implica que él quiera dejarse llevar. Algunas tradiciones están profundamente arraigadas en la naturaleza y resisten el paso del tiempo por alguna razón.

✔ «Bueno, nos vemos en tal fiesta, tal bar o en la casa de tal amigo» no es una cita, aunque los dos viváis en la misma ciudad.

✔ Los hombres no se olvidan de lo mucho que les gusta una mujer. O sea que deja el teléfono en su sitio.

✔ Tú vales lo suficiente como para que un hombre te pida una cita.

Un ejercicio práctico que te será de gran ayuda

¿Qué es un libro de autoayuda sin ejercicios prácticos? Todos nuestros capítulos contienen información tan atrevida y tan útil que queremos estar seguros de que retienes toda esa sabiduría. De modo que, a todas las que sentís la necesidad de superar vuestros problemas con los hombres y de poneros manos a la obra, ¡adelante!

Con cariño,

Greg y Liz

¿Recuerdas cuando en el colegio te decían que estaba mal rayar o escribir en los libros? ¡Sáltate esa norma! Coge un bolígrafo y anota cinco motivos por los que tienes derecho a llamarlo o una buena razón para hacerlo.

1.
2.
3.
4.
5.

Deja el libro a un lado y espera una hora, o por lo menos diez minutos. Entonces pregúntate a ti misma: «¿Parezco patética? ¿Parezco alguien que no cree en su atractivo innato?» Sí, ¡exactamente! Ahora, aléjate del teléfono, sal de casa y diviértete.

P. D.: Acabas de hacer un ejercicio práctico sobre un tipo que ni siquiera se ha dignado en invertir en ti la energía de una llamada telefónica. ¿Por qué ibas a querer «cazar» a un tipo así?

2

No está loco por ti si no te llama

Los hombres saben usar el teléfono

Sí, claro, dicen que están demasiado ocupados. Te cuentan que han tenido una jornada tan demencial que no han tenido ni un momento para coger el teléfono. Un día de locura. Mentiras y más mentiras. Con los teléfonos móviles y la marcación directa, casi es imposible no llamar a alguien. Yo a veces llamo a gente sin darme cuenta cuando llevo el móvil en el bolsillo del pantalón. Los hombres podemos intentar que creas otra cosa, pero somos exactamente iguales que tú. Nos encanta hacer un descanso en nuestro generalmente vulgar día de trabajo para hablar con alguien que nos gusta. Nos hace sentirnos bien. Y nos gusta sentirnos bien. Igual que a ti. Si estuviera loco por ti, tú serías el rayo de luz que iluminaría mi terriblemente ajetreada jornada laboral. Nunca estaría demasiado ocupado para llamarte.

La excusa «pero ha estado viajando mucho»

 Querido Greg:
   Hace poco he empezado a salir con un hombre encantador. Es educado, es cariñoso,

es atento. Últimamente, nuestra relación se ha convertido en una relación a distancia debido a su trabajo. El principal problema es que no me llama cuando dice que me va a llamar. De hecho, apenas me llama. Podemos estar una semana entera sin hablar, hasta que le llamo yo y entonces él me devuelve la llamada al cabo de cuatro o cinco días. Pero, cuando hablamos por teléfono, se deshace en mimos y es todo dulzura: que si «cariño», que si «preciosidad», que si «cuánto te echo de menos» y «¿cuándo nos volvemos a ver?». ¿Significa eso que no le gusto lo suficiente, o puedo atribuirlo al palo de tener que mantener una relación a distancia?

Gina

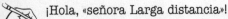 ¡Hola, «señora Larga distancia»!

La única distancia que me preocupa es la larguísima distancia que te separa de la realidad. (Lo sé, eso ha sido un golpe bajo.) ¿Te pongo un ejemplo? En la segunda frase dices: «Es educado, es cariñoso, es atento.» Pero unas pocas frases más abajo afirmas: «No me llama cuando dice que me va a llamar. De hecho, apenas me llama». Eso no es ser cariñoso ni atento. Y tampoco es educado; está sonando un timbre estridente que dice: «No me gustas lo suficiente.» «Entonces, ¿por qué es tan encantador cuando me llama?», me preguntarás. Porque los hombres somos unos cobardes y esperaríamos hasta el fin de los tiempos antes de darte una mala noticia. Tenlo por seguro: si le gustas a un hombre, querrá pasar tiempo contigo. Y, si no puede coger un avión para ir a verte, se las apañará para hablar contigo cinco veces al día.

Greg

No te dejes engañar por los «cariño» o los «preciosidad». Son pura palabrería, vacía de contenido. Son mucho más fáciles de decir que «no me gustas lo suficiente». Recuerda que las acciones hablan más alto que «aquí no tengo cobertura».

La excusa «pero tiene tantas cosas en la cabeza...»

 Querido Greg:
El día de Año Nuevo un hombre con el que había salido varias veces y con quien yo estaba muy ilusionada llegaba tarde a la cita que habíamos concertado. Le llamé y él, deshaciéndose en disculpas, me dijo que había tenido que salir de la ciudad para cuidar de su madre. Se olvidó por completo de llamarme. Estoy muy confundida. Su madre está enferma, pero no se trataba de una urgencia desesperada; sólo tenía que ir a Connecticut. Greg, me gusta mucho ese hombre. Por favor, dime que una madre enferma es una buena excusa para perdonar-

le y que puedo seguir creyendo que le interesa de verdad.

Bobbie

 Querida «Plantada en Año Nuevo»:

Bueno, aquí tienes una mala excusa disfrazada de madre enferma. Porque está claro que, independientemente del motivo de su «olvido», lo que te está diciendo es: «no estás en mis pensamientos». Porque, si lo estuvieras, te habría llamado para explicarte lo mal que le sabía no poder pasar el día contigo. Si tuvo tiempo para hacer la maleta y desplazarse hasta allí, tuvo tiempo para llamarte, y eligió no hacerlo. (Tú puedes decir que se «olvidó», pero yo digo que «eligió no hacerlo».) Cuando alguien te gusta de verdad, no puedes quitártelo de la cabeza, y menos el día de Año Nuevo. Sé que podría parecer una buena excusa, pero lamentablemente creo que, para ti, el Año Nuevo ha empezado con una buena jarra de agua fría: «No está loco por ti». Ahora, reponte de la resaca y encuentra a alguien que no se olvide de llamarte.

Greg

Aquí, la principal pregunta es: «¿Está bien que un hombre se olvide de llamarme?» Y yo te contesto: «No, no lo está.» Salvo en caso de desastre —tuvo que llevar a alguien a toda prisa al hospital, alguien le rayó el Ferrari (estoy bromeando)—, nunca debería olvidarse de llamarte. Si me gusta una mujer, no me olvido de ella, nunca. ¿No estás buscado a un hombre que se olvide de todas las demás cosas del mundo antes que de ti?

La excusa «dice cosas que no piensa hacer, es su forma de ser»

 Querido Greg:

Estoy saliendo con un hombre que acaba las conversaciones diciendo que me llamará en determinado momento, por ejemplo: «Te llamaré este fin de semana» o «te llamo mañana». O, si tiene una llamada por la otra línea, me asegura: «Te llamo dentro de unos minutos», y luego no lo hace. Siempre acaba llamando, pero casi nunca cuando dice que va a llamar. ¿Debería interpretar esto de algún modo o es mejor que me limite a pasar de todo lo que me dice cuando nos despedimos por teléfono?

Annie

 Querida «Llamada en espera»:

Sí, deberías interpretar algo en su forma de actuar. De hecho, está más claro que el agua: «No está loco por ti». Ése es el quid de la cuestión. Pero la mayoría de los hombres prefieren decir lo que creen que deseas escuchar al final de una cita o de una conversación telefónica a no decir nada. Algunos mienten, otros lo dicen de verdad. Y la forma de distinguir entre ambos es fácil, sabrás que iba en serio si hace lo que dijo que iba a hacer. Y aquí tienes otra cosa en la que pensar: llamar a alguien cuando le dices que le vas a llamar es el primer ladrillo de la casa de amor y confianza que se supone que estáis construyendo. Si él es incapaz de poner ese primer y estúpido ladrillo, nunca vas a tener una casa, y fuera hace frío.

Greg

Nos hemos convertido en una pandilla de incumplidores. Decimos cosas que no pensamos hacer. Hacemos promesas que no cumplimos: no tenemos palabra. «Te llamaré.» «Quedamos un día de éstos.» Sabemos que no lo haremos. En el Departamento de Intercambio de Mercancías de la Interacción Humana, las palabras han perdido casi todo su valor. Y la espiral continúa, puesto que ni siquiera esperamos que los demás cumplan su palabra; de hecho, hasta nos da vergüenza decirle al sucio mentiroso que nunca hace lo que dice que va a hacer. Si el hombre con quien estás saliendo no te llama cuando dice que te va a llamar, ¿por qué hacer una montaña? Tú deberías salir con un hombre que valiera por lo menos tanto como su palabra.

La excusa «tal vez todo se deba a que somos diferentes»

 Querido Greg:
Vivo con mi novio. A él no le gusta hablar por teléfono, de modo que, cuando viaja, no me llama ni siquiera para decirme que ha llegado sano y salvo. Sencillamente pasa de llamarme. Viaja bastante a menudo por motivos de trabajo y siempre estamos discu-

tiendo por este motivo. A veces, pienso que
todo se debe a que tenemos formas de ser diferentes y que tengo que aprender a ceder un
poco. Pero entonces pienso que cuando alguien te gusta de verdad te apetece hablar
con él cuando estás lejos. ¿Estoy loca?

Rachel

Querida «De loca nada»:
    A menos que tu novio sea un espía, su comportamien-
to no está justificado. Mi trabajo implica viajar mucho y,
no obstante, llamo a mi mujer tres o cuatro veces al día.
Sin embargo, a veces no contactamos, debido a las dife-
rencias de franja horaria. Pero siempre nos dejamos mensajes. He de reconocer que, como hombre que soy, nunca
me ha gustado que me pidan que llame, algo que mi mujer no hace nunca, y por eso la llamo tan a menudo. No tenemos ninguna norma sobre el hecho de llamarnos por
teléfono, pero nos gustamos y nos queremos hasta el punto de que nos apetece hablar cada día, si no cada hora.
¿Sabes una cosa?, yo estoy convencido de que la distancia
es buena en una relación. Echar a alguien de menos es un
signo de relación sana. Que tu novio no respete tu necesidad de tener algún tipo de conexión cuando está fuera de
casa no lo es. Independientemente de que a él no le guste
hablar por teléfono, debería respetarte y tener en cuenta
tus necesidades lo bastante como para llamarte, aunque
sólo sea porque sabe que así te hará feliz.

Greg

Sí, parece como si no fuera más que una máquina que transmite ondas de voz y que viene en distintos formatos: inalámbrico, móvil, fijo, de disco o digital, pero lo cierto es que el teléfono ha alcanzado oficialmente una nueva dimensión en el simbolismo de las relaciones sentimentales. Una llamada telefónica, ¿es sólo una llamada telefónica o la evidente representación de lo mucho que le importas? Probablemente la respuesta se encuentra en algún punto comprendido entre ambos extremos. Y un hombre que merezca la pena lo sabrá, y utilizará este útil dispositivo de telecomunicación consecuentemente. Los mensajes de correo electrónico no siempre son buenos sustitutos.

La excusa «pero él es muy importante»

 Querido Greg:
  Eres tonto. El hombre con el que estoy saliendo (y, dicho sea de paso, fui yo quien lo invité a salir) es muy importante y está muy ocupado. Es director de videoclips, viaja mucho, tiene rodajes muy largos y muchas responsabilidades. A veces, cuando tiene un proyecto entre manos, me paso varios días sin recibir noticias suyas. ¡No para, Greg! ¡Algunos hombres siempre están hasta el cuello de trabajo! ¿Has tenido alguna vez una época de mucho, mucho trabajo? Yo he aprendido a convivir con ello y no le doy ninguna importancia porque sé que es el precio que debo pagar por salir con alguien

que tiene mucho éxito y un puesto importante. ¿Por qué recomiendas a las mujeres que
sean tan dependientes?

Nikki

 Querida Nikki:

Me complace volver a tener noticias tuyas. Bueno, no exactamente. Escucha, Nikki. Estar demasiado ocupado es otra forma de decir: «No estoy loco por ti.» Escudarse en que uno tiene cosas muy importantes que hacer es otra forma de decir: «Tú no eres lo bastante importante.» ¡Qué maravilla haber «cazado» a alguien que tú conside- ras que está por encima de tu nivel! Demasiado ocupado y demasiado importante para pedirte una cita y para lla- marte por teléfono, ¡menuda perla! ¡Felicidades por tu cuasi relación! Debe de ser extraordinario saber que ese hombre tan atractivo y megaimportante ha introducido tu número en la memoria de su móvil, aunque nunca lo utilice. Debes de ser la envidia de todas las mujeres con las que está saliendo de verdad.

Greg

Estoy a punto de enunciar una regla extrema, salvaje y dura sobre las relaciones sentimentales: la palabra «ocupa- do» es una asquerosa coletilla que suelen utilizar los sinver- güenzas. La palabra «ocupado» es el arma de destrucción masiva de las relaciones. Puede parecer una buena excusa, pero, si rascas un poco, lo único que encontrarás es a un hombre al que no le importas lo suficiente para llamarte. Recuerda: los hombres nunca están demasiado ocupados para conseguir lo que desean.

¡ES MUY SENCILLO!

Lamentablemente, no podré estar siempre a tu lado, rechazando todas esas malas excusas y, por lo tanto, a todos esos hombres que se vayan interponiendo en tu camino y no merezcan la pena. Pero lo que sí puedo hacerte es un esbozo de lo que no verás nunca en un hombre que está loco por ti. Nunca te encontrarás mirando el teléfono obsesivamente, deseando que suene. No echarás a perder una noche con tus amigos por estar consultando el contestador automático cada quince segundos. Ni te odiarás por haberle llamado cuando sabes que no deberías haberlo hecho. Te encontrarás con que te tratará tan bien que no necesitarás hacer cosas raras con el teléfono. Estarás demasiado ocupada dejando que te lleve entre algodones.

POR QUÉ CUESTA TANTO PONERLO EN PRÁCTICA (Liz)

Somos inteligentes. Hemos captado la idea. Sabemos que los hombres deberían ser atentos y considerados y tener palabra. Quiero decir que, gracias a Dios, no somos idiotas. Sabemos que deberían llamarnos cuando dicen que van a hacerlo y demostrarnos que están pensando en nosotras.

Pero, de algún modo, justo cuando había conseguido meterme la lección en esta cabezota tan dura que tengo, conozco al hombre que tiene la excusa perfecta para no estar a la altura. Su familia se está desmoronando y él es el único que puede cuidar de ella. Se está cambiando de casa y no se imaginaba lo duro que iba a ser el traslado. Tiene una montaña de trabajo acumulado y no va a estar disponible durante un tiempo, pero yo le gusto mucho, muchísimo. Y a mí me gusta tan condenadamente que voy a ser paciente y a aflojar un poco hasta que se tranquilicen las cosas. Intelectualmente, sé lo que se supone que me debe proporcionar una relación. Estoy escribiendo un dichoso libro sobre el tema. Pero, cuando me enfrento a una situación en la que un hombre me ofrece menos que eso (a veces, mucho menos que eso), me cuesta mucho saber exactamente cuándo debo decir basta y reaccionar. Se olvida de llamarme una noche, ¿se supone que debería cortar con él? Se olvida de llamarme tres veces, ¿es entonces cuando debería dejarlo? No es fácil encontrar a alguien que te gusta de verdad y con quien estás ilusionada. Y siempre quieres creer que el hombre con el que estás saliendo es sincero y amable y sólo desea tu bien. De modo que, cuando ves el primer atisbo de comportamiento potencialmente desconsiderado, lo que más deseas es que no sea lo que te temes que es. Y quieres estar segura de no reaccionar de manera desproporcionada, castigándolo injustamente por los errores que han cometido otros hombres. El mundo de las relaciones sentimentales es bastante delicado y complicado, y, cuando empiezo a salir con alguien, no puedo evitar llamar a Greg constantemente para preguntarle qué debería hacer.

Por eso ahora estoy intentando darme cuenta de cuándo el comportamiento de un hombre empieza a hacerme sentir mal conmigo misma, cuándo empiezo a sentir que me está haciendo sufrir. ¿Una pequeña punzada de decepción porque no me ha llamado cuando dijo que me iba a llamar? Bueno, eso se puede tolerar, veamos cómo progresa la cosa. ¿Un estado de desasosiego constante porque no tiene palabra? Una mala señal. ¿Lágrimas por él? Todavía peor. Se supone que conocer a una persona que te gusta y empezar a salir con ella debería hacer que te sientas mejor, no peor. Ésta es una buena regla, independientemente de las circunstancias especiales (o sea, excusas) que se puedan alegar. No es fácil. Pero intenta recordar que el próximo hombre increíble que conozcas y te dé una excusa realmente buena puede que no sea más que otro hombre que volverá a herir tus sentimientos.

ASÍ ES COMO DEBERÍA SER
(Liz)

Cuando estaba trabajando con Greg en este libro en Nueva York, me di cuenta de que él a menudo llamaba a su mujer sólo para decirle que no podía hablar con ella en aquel momento, pero que estaba pensado en ella y que la llamaría más tarde. No parecía la cosa más difícil del mundo, pero seguro que a ella la hacía feliz.

GREG, ¡LO HE ENTENDIDO!
(Traci, 25 años)

Greg, ¡lo he entendido! Salí dos veces con un hombre. En la segunda cita, nos acostamos. Me dijo que me llamaría al día siguiente (martes), pero no me llamó hasta el fin de semana siguiente.

Cuando me llamó, le dije que era demasiado tarde. Él se quedó de piedra, pero lo cierto es que no estoy dispuesta a perder el tiempo con tonterías. ¡Era la primera vez que hacía algo parecido y me sentí fenomenal!

SI NO CREES A GREG

El 100 % de los hombres encuestados dijeron que nunca habían estado demasiado ocupados para llamar a una mujer que les gustaba de verdad. Como dijo uno de ellos: «Un hombre tiene sus prioridades.»

Qué deberías haber aprendido en este capítulo

✔ Si no te llama es porque no estás en sus pensamientos.

✔ Si te crea expectativas y después no cumple su palabra en los pequeños detalles, hará lo mismo con las cosas importantes. No lo olvides y date cuenta de que a él no le importa decepcionarte.

✔ No te interesa mantener una relación sentimental con alguien que no hace lo que dice que va a hacer.

✔ Si elige no hacer un pequeño esfuerzo que ayudaría a tranquilizarte y a restablecer la armonía amenazada por un enfrentamiento recurrente, significa que no respeta tus sentimientos ni tus necesidades.

✔ «Ocupado» es otra forma de decir «sinvergüenza». «Sinvergüenza» es otra forma de llamar al hombre con el que estás saliendo.

✔ Te mereces una mísera llamada telefónica.

Un ejercicio práctico que te será de gran ayuda

A todos nos gustan los ejercicios de elección múltiple. Aquí tienes uno que esperamos que encuentres chupado:

Un hombre con quien saliste una vez y con quien te acostaste no te ha llamado en dos semanas. ¿Qué haces?:

a. Extraer la conclusión de que está muy ocupado, ha perdido tú número de teléfono, se dio un golpe en la cabeza y ahora padece amnesia de los hechos recientes, por lo que deberías llamarlo.
b. Dejar el trabajo, quedarte en casa, llamar a la compañía telefónica para asegurarte de que el teléfono funciona y esperar a que te llame.
c. Asumir que no está loco por ti y seguir con tu vida.

Enhorabuena. Has contestado C. Sabíamos que lo encontrarías fácil, pero ¿verdad que una se siente bien después de elegir correctamente?

3

No está loco por ti si no quiere ser tu pareja

«Pasar el rato juntos» no es lo mismo que ser pareja

Vaya, parece que hay muchas variantes del hecho de salir juntos, sobre todo en las primeras etapas de una relación. Muchas áreas grises y turbias, llenas de misterio, vaguedad y preguntas no formuladas. A los hombres les encanta este periodo, porque es entonces cuando intentan hacer ver que, en el fondo, no están saliendo contigo. Y también intentan aparentar que no son responsables de tus sentimientos. Cuando le pides salir a una mujer formalmente, es decir, cuando le dices que te gustaría que fuerais novios o pareja, lo estás haciendo oficial. Es como si le propusieras: me gustaría verte a solas para averiguar si tenemos un futuro sentimental en común. (O por lo menos, escucharte para intentar dilucidar si ya estás comprometida). Por si necesitas más pistas, suele tratarse de dar un paseo, ir a comer y cogerse de la mano.

La excusa «acaba de salir de una relación»

 Querido Greg:

Estoy profundamente enamorada. Quiero decirlo primero. Me he estado acostando con un íntimo amigo que acaba de salir de un matrimonio terrible. De todos modos, puesto que todavía está intentando superar una ruptura muy traumática, me ha dejado muy claro que no puedo exigirle nada ni poner en él ninguna expectativa. Básicamente, quiere aparecer y desaparecer cuando le plazca. Ahora ya llevamos seis meses viéndonos y compartiendo cama. Me resulta muy doloroso no tener voz ni voto sobre cuándo ni con qué frecuencia nos vemos. También lo paso muy mal cuando pienso en la posibilidad de dejar de verlo. No me gusta nada sentirme tan impotente, pero tengo la impresión de que, si aguanto un poco, al final será mío. Pero, mientras tanto, me está resultando muy difícil. ¿Qué puedo hacer?

Lisa

 Querida «Profundamente enamorada»:

Hablemos de tu maravilloso amigo y tu maravillosa amistad. Estoy seguro de que a él el tipo de relación que mantenéis le va de perlas. Puesto que fuiste su colega durante su desastroso matrimonio, siempre podrá jugar la carta de la «amistad» contigo. Así sólo tendrá que sentirse responsable de las expectativas que se depositan en un amigo, en vez de las expectativas mucho más altas que se tienen sobre una pareja. Después de todo, como buena amiga, no querrás crearle más confusión emocional mientras intenta superar su «traumática ruptura». Él se encuentra en una situación inmejorable: una buena amiga con todas las ventajas de una pareja, a quien puede ver y dejar de ver cuando le plazca. Tal vez sea uno de tus mejores amigos, pero, y siento decírtelo, como pareja deja mucho que desear, y no está loco por ti.

Greg

Guárdate de la palabra «amigo». A menudo la utilizan tanto hombres como mujeres para referirse a la persona que aman, en un intento de excusar el menos amistoso de los comportamientos. Personalmente, cuando escojo a mis amigos, me quedo con aquellos que no me hacen llorar antes de dormirme.

La excusa «pero si de hecho ya somos pareja»

 Querido Greg:
Llevo tres meses saliendo con un hombre. Pasamos juntos cuatro o cinco noches a la semana. Vamos juntos a celebraciones. Me llama cuando dice que me va a llamar y nunca me ha fallado. Nos lo pasamos muy bien los dos juntos. Hace poco me informó de que no quiere tener pareja y no está preparado

para mantener una relación seria. Pero yo sé que no está saliendo con nadie más. Creo que lo que le pasa es que le dan miedo palabras como «pareja» o «novios». Greg, siempre he oído que las mujeres debemos fiarnos de las acciones de los hombres, no de sus palabras. Entonces, ¿no significa eso que puedo limitarme a olvidar sus palabras y estar segura de que quiere pasar todo su tiempo conmigo, y que, diga lo que diga, la verdad es que está loco por mí?

Keisha

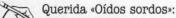

Querida «Oídos sordos»:

He buscado «no quiero ser tu pareja» en el Diccionario de Relaciones Personales, sólo para estar seguro de que no estaba equivocado. Y no lo estaba. Sigue significando «no quiero ser tu pareja». ¡Vaya! Y lo dice un tipo que está pasando cuatro o cinco noches a la semana contigo. Eso debe de doler. Bueno es saber que tu «no pareja» quiere vivir en un mundo sin compromisos. No estoy muy seguro de qué aconsejarte. Si quieres dedicar todo tu tiempo a un hombre que te ha dejado bien claro que no quiere ser tu novio, adelante. Pero yo preferiría que, por lo menos, intentaras encontrar a alguien que no te diga claramente a la cara «no estoy loco por ti».

Greg

Los hombres, como las mujeres, quieren sentirse emocionalmente protegidos cuando una relación empieza a volverse seria.
Una forma de hacerlo es formalizando la relación, reivindicán-
dola. De hecho, quieren decir «somos novios» o «me gustaría
ser tu pareja», o «si alguna vez rompes con ese otro hombre que
no es tu novio, me gustaría que nos hiciéramos novios». Un
hombre que esté realmente loco por ti, te querrá enterita para él
solo. ¿Y por qué no iba a ser así, con lo preciosa que eres?

La excusa «pero esto es mejor que nada»

 Querido Greg:
   Llevo seis meses saliendo con un hombre.
Nos vemos aproximadamente cada dos semanas.
Nos lo pasamos muy bien, mantenemos relaciones sexuales y todo es muy agradable. Creía
que, si dejaba que las cosas siguieran su
curso, probablemente empezaríamos a quedar
más a menudo. Pero, en lugar de eso, nos hemos estancado en el hábito de vernos cada dos
semanas. Me vuelve loca, de modo que pienso
que esto es mejor que nada. Y, nunca se sabe, las cosas pueden cambiar en cualquier
momento. Sé que está muy ocupado, y tal vez
éste sea todo el tiempo que puede dedicar a
una relación en este momento. O sea que tal
vez debería sentirme privilegiada por el hecho de que me dedique el tiempo que me dedica, y tal vez yo le gusto de verdad. ¿No?

                                        Lydia

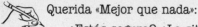 Querida «Mejor que nada»:

¿Estás segura? ¿La situación que tienes ahora es mejor que nada? Yo esperaba, por lo menos, que intentaras conseguir mucho más que nada, o tal vez, incluso, algo. ¿Has perdido el juicio? ¿Por qué tendrías que sentirte privilegiada por el hecho de que sólo te dedique migajas de su tiempo? El hecho de estar ocupado no lo hace más valioso. «Ocupado» no significa «mejor». En mi opinión, cualquier hombre que puede esperar dos semanas para verte no está loco por ti.

Greg

¡Buf! ¡Qué fácil te resulta olvidar de qué se trata! Déjame que te refresque la memoria: es cuestión de encontrar al hombre que te desea, que te llama, que hace que te sientas completamente sexy. Quiere verte cada vez más a menudo porque cada vez que te ve le gustas más y cada vez te quiere más y más. Ya conozco la historia. Tener un poco de amor y afecto cada dos semanas o una vez al mes puede ayudarte a pasar el día o la semana o el mes, ¿pero te ayudará a pasar toda una vida?

La excusa «pero pasa mucho tiempo fuera de la ciudad»

 Querido Greg:

Hace unos nueve meses que salgo con un hombre. Viaja mucho, de modo que sólo nos vemos de tanto en tanto. Cuando podemos pasar algo más de tiempo juntos, justo cuando me armo de valor para hablar sobre hacia dónde va nuestra relación, él otra vez tiene que irse de la ciudad. Me parece una tontería hablar con él de este tipo de cosas cuando está a punto de volver a marcharse. Pero, cuando regresa, me parece estúpido volver a sacar el tema cuando llevamos un tiempo sin vernos. Me resulta difícil sacar el tema porque nos lo pasamos tan bien juntos que no quiero estropearlo hablando de relaciones.

Marissa

 Querida «Viajera del tiempo»:

Te diré un pequeño secreto sobre los hombres que viajan mucho: siempre están pensando en marcharse. Les gusta bastante eso de los frecuentes vuelos de largo recorrido con ventanilla de socorro incorporada. Es difícil cazar una presa que se mueve constantemente. Hay formas de viajar y mantener una relación, y formas de viajar y asegurarse de no entrar en una. La forma más fácil de detectar la diferencia es si ese hombre te dice constantemente que lo pasa fatal cada vez que tiene que alejarse de ti. Si no pone toda la carne en el asador para asegurarse de que mientras él está de viaje tú no te buscas otra compañía, piensa que te has subido al avión de «no está loco por ti». ¡Abróchate el cinturón!.

Greg

Tienes todo el derecho del mundo a saber qué está pasando entre tú y alguien con quien te estás acostando. Y, cuanto más segura estés de que te mereces eso (y mucho más), más capaz te sentirás de formular esas preguntas tan fundamentales de una forma que no resulte demasiado agobiante ni demasiado dramática, te lo garantizo.

¡ES MUY SENCILLO!

Desde este preciso momento, ahora mismo, cuando leas lo siguiente, haz este voto solemne sobre tus futuras relaciones sentimentales: no más misterios, no más medias tintas, no más indefiniciones, no más sobreentendidos. Y si es posible, intenta averiguar lo mejor que puedas ante quién te estás desnudando tanto literal como metafóricamente.

POR QUÉ CUESTA TANTO PONERLO EN PRÁCTICA (Liz)

Odio hablar de mis sentimientos. Odio hablar de mis «relaciones». Sé que soy una mujer y se supone que las mujeres somos todo emociones, pero no es mi caso. No me gusta nada. Sobre todo, detesto tener que preguntarle a un hombre hacia dónde está yendo nuestra relación o qué siente por mí. Debería ser algo natural, fácil y transparente.

De modo que supongo que tengo que empezar a pensar, planificar e idear todo tipo de estrategias para averiguar en qué tipo de situación me encuentro. Y si tengo que actuar de ese modo, lo más probable es que no me encuentre en una situación muy buena. ¡Vaya palo!

Pero espera un poco. Empezar una nueva relación es algo terrorífico. Todas somos lo bastante mayorcitas como para haber experimentado o sido testigos del sufrimiento que entraña una ruptura sentimental. Sabemos que si una relación ha tenido un principio siempre ha acabado teniendo un final (si no, no seguiríamos buscado al hombre ideal). Y los finales siempre son un palo.

Por eso la gente, incluidas las mujeres, utilizamos todo tipo de trucos, sutilezas y distracciones para simular que no nos damos cuenta de que podríamos estar iniciando una relación. No es más que un aspecto muy útil y comprensible de la naturaleza humana. Entonces ¿qué hay de malo en que al principio o cuando ya se lleva cierto tiempo de relación, las cosas no estén del todo definidas? ¿Quién quiere convertirse en esa boba que necesita saber exactamente qué se está cociendo nada más conocer a un hombre? Tú prefieres tomarte las cosas con filosofía, ser la chica que sabe pasar el rato, en vez de ser tan agobiante. Así es como siempre quise ser. Así es como era.

El problema está en que esa chica que «sabe tomarse las cosas con filosofía» sigue pasándolo mal. Sigue teniendo reacciones ante el modo en que la tratan. Sigue deseando que él la llame, se pregunta si lo volverá a ver y si él estará ilusionado con salir con ella. Es algo que detesto.

Tal vez sólo sea cosa mía, porque lo cierto es que mis prioridades han ido cambiando conforme he ido cumpliendo años. Pero lo cierto es que ahora ya no me interesa eso de «medio salir con alguien», no quiero limitarme a «pasar el rato» con alguien. No quiero gastar toda esa energía suprimiendo todos mis sentimientos para aparentar que no me implico emocionalmente. Quiero estar comprometida. Quiero acostarme con alguien a quien sé que volveré a ver porque me ha demostrado que es de fiar, tiene buenos sentimientos y está loco por mí. Por descontado, al principio de una relación una debe ser cauta con cuánto se entrega. Pero esa precaución no debería tener como objetivo que él no se sienta agobiado; debería obedecer a que tú sabes que eres una criatura delicada y digna de consideración que debe ir con pies de plomo a la hora de discernir a quién le entrega su corazón. Eso es lo que estoy haciendo ahora. Y no me está yendo tan mal.

ASÍ ES COMO DEBERÍA SER
(Greg)

A mi amigo Mike le gustaba mi amiga Laura. Al salir de clase de música, él le pidió salir y ahora están casados. Mi amigo Russell conoció a una chica que se llamaba Amy, se hicieron novios y contrajeron matrimonio. Mi amigo Jeff conoció a una chica de otra ciudad y la fue a ver el fin de semana siguiente y no dejó de visitarla hasta que se trasladó al piso donde vivía ella. Es así de sencillo. Casi siempre es así de sencillo.

GREG, ¡LO HE ENTENDIDO!
(Corinna, 35 años)

Llevaba un par de meses saliendo con un chico, cuando, de repente, tuve la revelación de que él no estaba demasiado entusiasmado conmigo. Antes, eso me habría hecho empeñarme todavía más en que la cosa funcionara, inventar excusas para justificarlo, e incluso planteárselo directamente. En lugar de ello, hice un pequeño experimento. Asumí que él no estaba loco por mí y dejé de llamarle. Tal como había sospechado, ¡él no me volvió a llamar! ¡No me puedo ni imaginar el tiempo que me ahorré al reconocer que era yo la que estaba llevando todo el peso de la relación y que quería más!

SI NO CREES A GREG

El 100 % de los hombres encuestados afirmaron que «el miedo a la intimidad» nunca les había impedido iniciar una relación. Hubo un hombre que hasta comentó: «El miedo a la intimidad es un tópico.» Otro hombre añadió: «Eso es lo que les decimos a las mujeres cuando no nos gustan lo suficiente.»

Qué deberías haber aprendido en este capítulo

✔ Los hombres dicen lo que sienten incluso cuando tú te niegas a escucharlos o creerlos. «No quiero mantener una relación seria contigo» significa «no quiero mantener una relación seria contigo» o «no estoy seguro de que seas la elegida». (Lo siento.)

✔ ¡Mejor que nada no es suficientemente bueno para ti!

✔ Si no sabes hacia dónde está yendo la relación, coge el toro por los cuernos y pregúntaselo.

✔ ¿Medias tintas? No te interesa.

✔ Existe un hombre a quien le encantaría decirle a todo el mundo que sois novios. Deja de perder el tiempo y ve a buscarlo.

Un ejercicio práctico que te será de gran ayuda

A nosotros nos resulta muy fácil dar consejos, y, para ser sinceros, es bastante divertido. Hasta hemos aprendido un poco sobre nosotros mismos en el proceso. (Bueno, por lo menos Liz sí lo ha hecho.) ¿Por qué no lo intentas? ¡Es divertido sentir que sabes más que otra gente!

A la preciosidad que ha comprado este libro (ésa eres tú):

Llevo un par de meses saliendo con un chico. Sin embargo, todavía no hemos tenido una cita propiamente dicha. Siempre me dice que «me pase» por algún sitio, como un bar o la casa de un amigo suyo. No parece que le apetezca demasiado pasar tiempo a solas conmigo salvo para acostarse. Me gusta mantener relaciones sexuales con él, de modo que ¿crees que puedo seguir así hasta que me conozca mejor y se dé cuenta de que le gusto de verdad?

Respuesta:

Si has contestado bien (es decir, le has dicho a esta encantadora chica que le dé una patada en el culo a «John, el escurridizo» y vaya en busca de un hombre que, por lo menos, esté encantado de acudir a una cena íntima con ella), sabes que tu cerebro puede solucionar este tipo de problemas; tienes la información y probablemente la has tenido siempre. Resulta mucho más fácil ver las cosas cuando no te afectan a ti. Y ahora que te hemos refrescado la memoria, podrás utilizar tu recién redescubierta sabiduría en tu propio beneficio.

4

No está loco por ti si no mantiene relaciones sexuales contigo

Cuando a un hombre le gusta una mujer, quiere tocarla, siempre

Como mujer, habrás conocido y vas a conocer muchos, muchísimos hombres en todos los años de tu vida de relaciones. Y tengo que decirte una cosa: algunos de esos hombres sencillamente no se sentirán atraídos por ti. Sé que eres atractiva y sensual, pero así son las cosas. (Hasta Cindy Crawford se cruza con tipos que consideran que «tampoco es para tanto».) Y ninguno de esos hombres que no se sentirán atraídos por ti osará decírtelo. Bueno, te dirán... que están asustados, se sienten heridos, cansados, dolidos, enfermos, asustados (otra vez). Pero la verdad es simple, brutal y clara como el agua: no les atraes y no quieren herir tus sentimientos. Si a un hombre le gustas de verdad, le costará no ponerte las zarpas encima. O ¡todavía más simple!: si un hombre no intenta desnudarte, significa que no está loco por ti.

La excusa «tiene miedo de volver a pasarlo mal»

 Querido Greg:

Hace diez años tuve un novio. Hace poco me crucé con él por la calle después de llevar muchos años sin vernos, y empezamos a «salir» otra vez, aunque no está claro si es eso exactamente lo que estamos haciendo. No me besa, ni se me insinúa. Pero Greg, vamos a bailar salsa, salimos de bares y nos quedamos hasta las tantas, hablando, bailando, riendo y coqueteando. No deja de decirme lo guapa que estoy y lo mucho que le gusta verme. Una noche hasta me dijo que me quería y deseaba que siempre formara parte de su vida. Mis amigas me dicen que lo único que le pasa es que tiene miedo de volver a pasarlo mal y que debo tener paciencia. Es un tipo fabuloso. ¿No te parece que está loquito por mí pero está asustado? Greg, se nos hacen las cuatro de la madrugada bailando salsa. Por favor, necesito que me aconsejes.

Nicole

 ¡Hola, «Salsa agridulce»!:

Soy un hombre. Si me gusta una mujer, la beso. Y luego pienso en qué aspecto debe de tener con y sin ropa interior. Soy un hombre. Así es como funcionamos los hombres. ¿Que si tiene miedo? Sí, tiene miedo de herir tus sentimientos. Por eso no ha dejado las cosas claras. Hasta es posible que te esté dedicando tanto tiempo con la esperanza de acabar desarrollando sentimientos más profundos hacia ti. Cuando ese hombre te dice que te quiere y que le gustaría no volver a perder el contacto contigo lo mismo podría estar firmando en tu anuario de fin de curso. Te quiere como una amiga. Si realmente estuviera enamorado de ti, no podría evitar involucrarse en una relación sentimental contigo a pesar de sus miedos o de sus experiencias pasadas. ¿Un consejo? ¡Ponte las pilas! Y encuentra a alguien que merezca más tu afecto y los sensuales movimientos de la salsa.

Greg

Hay muchas razones que pueden hacer que un hombre no quiera llevar una relación al «próximo nivel». Realmente no importa cuáles sean ni si les ves o no algún sentido. Lo que de verdad importa es que, cuando se imagina manteniendo contigo una relación más íntima (y, créeme, los hombres también pensamos en esas cosas), vacila y se dice a sí mismo: «No sé..., no sé.» No pierdas más tiempo pensando en ello, salvo para decirte a ti misma: «Él se lo pierde.»

La excusa «está tan loquito por mí que no se atreve ni a tocarme»

 Querido Greg:
   Llevo un mes saliendo con un hombre. Mantuvimos relaciones sexuales varias ve-

ces y todo fue sobre ruedas. Pero, cuando parecía que las cosas estaban empezando a cuajar, dejamos de practicar el sexo. Llevo cuatro noches quedándome a dormir en su casa y siempre acabamos... durmiendo. Algún abrazo y nada más. Es extraño, pero ya no nos sale el sexo. Me resulta humillante tener que preguntarle qué es lo que pasa, de modo que voy a asumir que se debe a que se está colgando tanto de mí que ha empezado a estar asustado.

Sally

 ¡Hola, «Sólo abrazos»!:

¿Un mes? ¡Sólo un mes! ¿Me estás tomando el pelo? Debería ser el momento en que empezara a sentirse lo bastante cómodo para sacar temas como la lencería, las posturas, las lociones y las prácticas sexuales que más le gustan. ¿Un mes? Lo único de lo que debería estar cansado es de pensar en distintas formas de montárselo contigo. Y, después de tan sólo un mes, no puede estar cansado ni siquiera de eso. Ármate de valor y pregúntale qué es lo que pasa. La comunicación nunca es una mala idea. Pero apuesto a que tú ya conoces la respuesta. Te aconsejo que le des la espalda y dejes que le explique a tu espléndido trasero por qué no quiere mantener relaciones sexuales contigo. Y si no lo hace, bueno, ya sabes lo que te diríamos al respecto.

Greg

Bueno…, ya estamos con la gran discusión sobre el «miedo a la intimidad». ¿Existe algo parecido? Mucha, muchísima gente va a terapia por este motivo, se publican muchos libros de autoayuda sobre el tema y se excusan muchos comportamientos inaceptables por esta causa. (Hasta hicimos una encuesta al respecto hace unas pocas páginas.) Seguro, mucha gente lo ha pasado mal en su vida, y ahora tiene miedo a la intimidad. Pero… ¿sabes una cosa? Si un hombre está loco por ti, nada le impedirá estar contigo, ni siquiera el miedo a la intimidad. Tal vez corra en busca de un terapeuta si tiene un problema grave, pero nunca te mantendrá en vilo.

La excusa «pero, aun así, me encuentro muy bien con él»

 Querido Greg:
Estoy saliendo con un chico que me avisó después de la primera cita de que a él no le va eso de ser monógamo. No cree en la monogamia. De todos modos, me acosté con él. Entonces me di cuenta de que, si continuaba saliendo con él, podría pasarlo mal, y le pedí que nos dejáramos de ver. Pero empecé a echarlo en falta. De modo que ahora estamos en una situación extraña: quedamos, pasamos el rato y dormimos juntos. Cuando duermo con él, lo único que hacemos es abrazarnos. Es muy agradable, Greg. Preparamos la cena, cenamos, vemos la tele y nos reímos. Todo es muy tierno y me siento muy cer-

ca de él. Él no intenta nada y ambos dis-
frutamos de nuestra mutua compañía. Sé que
se supone que no debería esperar nada más,
pero empiezo a sentirme como si fuéramos
novios, y nunca sabes cómo pueden evolucionar las cosas. ¡Me encanta quedarme a
dormir en su casa y despertarme a su lado!
¿Hay algo malo en ello?

Pat

 Querida «Fiesta de pijamas»:

A ver si lo entiendo. No te resultó lo bastante duro oír
que la persona con la que estás saliendo no quiere ser monógama, de modo que te has impuesto el sufrimiento adi-
cional de seguir viéndolo mientras puede estar acostándose con otras personas. Y ahora te sientes como si fueras
su novia, pero con ninguna de las ventajas que eso entraña, ni siquiera el sexo. ¿Qué tipo de extraño experimento
científico estás haciendo con tus sentimientos? No intentes confundirme, madame Curie, sé que es agradable tener
compañía y despertarte al lado de alguien que te gusta
mucho, pero para eso están las mascotas. Las mascotas
son la forma que tienen los dioses de decirte: «No bajes el
listón porque estás sola.» Es obvio que te conoces lo suficiente como para saber que no te sientes cómoda compartiendo al hombre con quien sales, y, a propósito..., ¡no deberías sentirte cómoda! Te mereces un novio para ti sola,
con quien te sientas lo bastante segura para mantener relaciones sexuales.

Greg

Una idea pasada de moda es que las mujeres renuncian al sexo cuando quieren poder. Parece como si los hombres pudieran jugar al mismo juego. ¿Por qué comprarse una mascota cuando se puede tener intimidad gratis? Es así de simple: si a un hombre le basta con dormir contigo, comer pastas y ver viejas películas en la tele, y no es homosexual, es obvio que no está loco por ti.

La excusa de las múltiples excusas

 Querido Greg:

Hace un año y medio que salgo con un chico y parece que he dejado de atraerle. No quiere mantener relaciones sexuales tan a menudo como antes; podemos pasarnos varias semanas sin hacer el amor. Frecuentemente tengo que ser yo quien toma la iniciativa. Cuando le pregunto qué pasa, me dice que está muy estresado en el trabajo, pero que yo le atraigo mucho. Antes me decía que era porque su madre había muerto recientemente y estaba demasiado deprimido. Pero, cuando pienso en ello, me doy cuenta de que ha seguido la misma tónica desde que empezamos a salir. Tal vez durante las dos primeras semanas sentí que me encontraba sexy, pero, desde entonces, no parece que le atraiga mucho físicamente. Yo le quiero, y, por todo lo demás, mantenemos una relación muy tierna y sana, pero últimamente me siento frustrada y poco atractiva. Mis amigas me dicen que debo creerle, pero estoy empezando a plantearme que no está tan loco por mí, físicamente hablando.

Dara

 Querida «Físicamente hablando»:

Cuando estoy loco por una mujer, me gusta hacer el amor con ella, y repetir una y otra vez hasta que se me agotan las fuerzas. Cuando los hombres elegimos a una mujer con quien queremos pasar mucho tiempo, incluso tal vez el resto de nuestra vida, generalmente intentamos escoger a alguien a quien le gusta hacer las mismas cosas que a nosotros, incluido, si no especialmente, el sexo. Puedes aceptar todas sus excusas, pero tienes que preguntarte a ti misma si éste es el tipo de relación que quieres mantener. ¿Es así como quieres vivir el resto de tu vida sexual? Es posible que esté loco por ti o es posible que no lo esté, pero la única pregunta que debes responder es: ¿es así como te quieres sentir, tal vez, durante el resto de tu vida?

Greg

Los egipcios decoraron vasijas con sus motivos, los yoguis escriben libros sobre él, los judíos dictaron leyes religiosas para regularlo. Todos ellos creían o creen que uno de los principales ingredientes de una unión sana es el sexo. Uno de los mayores placeres de la vida es el que se obtiene manteniendo relaciones sexuales. La última persona que debería impedirte que disfrutes del sexo es la persona con quien estás saliendo.

¡ES MUY SENCILLO!

Apréndetelo, vívelo, disfrútalo, adóralo: si le gustas a un hombre, mantendrá relaciones sexuales contigo. No lo dudes. Aunque es posible que las cosas se atemperen en una relación a largo plazo, incluso entonces es un placer, un regalo y un derecho tener una vida sexual plena.

POR QUÉ CUESTA TANTO PONERLO EN PRÁCTICA (Liz)

Bueno, a ver, ¡buf! Esto va de sexo. Hablar de sexo. Hacer preguntas sobre sexo. Vaya. Es curioso. Y no sé si te pasará a ti, pero yo preferiría creer, cualquier día de la semana, que un hombre está demasiado asustado, demasiado estresado, demasiado triste, demasiado filosófico, demasiado enfadado, demasiado gordo, demasiado loco, demasiado enamorado de su ex, demasiado asustado (otra vez), demasiado vulnerable, demasiado quemado por el sol, demasiado enamorado de su madre, demasiado agresivo o demasiado cualquier cosa, antes que descubrir que lo que le pasa es que no le atraigo sexualmente. O que no quiere mantener relaciones sexuales conmigo porque entonces significará que nuestra relación empieza a ser seria, y, en el fondo, no le gusto lo suficiente. Esto es sumamente confuso porque estamos hablando de sexo (un tema delicado) mezclado con emociones (mortificadoras) y con nuestras propias inseguridades (una verdadera pesadilla). Y en lo que respecta a las relaciones a largo plazo la gente siempre dice que, de todos modos, el sexo acaba pasando a segundo plano. Entonces, ¿que más da si pasa a segundo plano antes de lo que tú habrías deseado? ¿No es acaso todo lo demás mucho más importante, como que seamos compatibles y que él sea una buena persona y un futuro buen padre para mis hijos?

Puesto que se trata de un tema tan complejo desde el punto de vista psicológico, y hablar de sexo resulta tan difícil, yo casi firmaría para tener una relación con un hombre a quien le bastara con dormir abrazados o un novio con escaso apetito sexual. Me refiero a que, si él siguiera disfrutando de mi compañía, yo podría dormir con un hombre que ya no quisiera mantener relaciones sexuales conmigo sin decir esta boca es mía. O podría seguir saliendo con un hombre que estuviera conforme con ser mi novio pero no pareciera tener ningún interés en verme desnuda. Hasta podría vivir en un matrimonio tranquilo con un hombre maravilloso que fuera más un buen amigo que un esposo. Si no fuera por esas puñeteras parejas felices que conozco. No estoy hablando de esas parejas que ves por la calle metiéndose mano todo el santo el día. ¿Quién sabe lo que ocurre de puertas adentro? Estoy hablando de amigos míos que conozco bastante bien, que son capaces de compaginar el trabajo, la carrera, la intimidad y hasta los hijos, y seguir manteniendo relaciones donde tienen cabida el sexo y el afecto. Podría contentarme con menos si fuera el tipo de persona que, al ver a esas parejas, se limita a pensar: «¿Y qué?» Pero no soy ese tipo de persona. Soy el tipo de persona que las mira y se dice a sí misma: «¡Mierda! ¡Eso es lo que yo quiero!» Es un verdadero palo. Eso significa que debo de ser el tipo de mujer que va a tener que hacer a los hombres esas preguntas tan mortificadoras, y, lo que es peor, que puedo llegar a romper con un hombre encantador porque no quiere mantener relaciones sexuales conmigo o no las quiere mantener con la suficiente frecuencia. Pero lo único que puedo decir es que tengo la desgracia de creer que puedo encontrar a un hombre maravilloso que me quiera y se sienta salvajemente atraído por mí. También creo que, cuando las cosas se apacigüen, como ocurrirá naturalmente, ambos convertiremos en una prioridad el procurar mantener viva esa atracción salvaje. Si tú también tienes esa desgracia, te recomiendo que le quites la almohada a tu «Soso durmiente» y le escondas las pastas y la leche. Nos merecemos mucho más que una fiesta de pijamas.

ASÍ ES COMO DEBERÍA SER
(Greg)

No me preguntes cómo lo sé porque no te lo quiero explicar, pero te puedo asegurar que mis padres, que tienen más de setenta años, después de tener hijos, pasar enfermedades, hacerse mayores, sobrellevar trabajos estresantes y superar los enfados de cada día (o sea: la vida), siguen manteniendo relaciones sexuales. Si mis padres pueden, también puedes hacerlo tú con tu pareja.

GREG, ¡LO HE ENTENDIDO!
(Dorrie, 32 años)

Estuve saliendo con un chico que conocí en el trabajo. Teníamos que pasar mucho tiempo juntos y fue muy romántico empezar a conocerlo mientras trabajábamos juntos. Cuando acabamos el proyecto, seguimos quedando y despidiéndonos con un beso de buenas noches. Estuvimos así dos meses. Él nunca dio un paso más. Pero, mientras tanto, me presentó a su familia, asistimos a grandes celebraciones los dos juntos, hicimos planes comunes. Era como si fuéramos novios, pero sin sexo. Yo sabía que él llevaba mucho tiempo sin tener una relación, de modo que pensé que necesitaba ir poco a poco. Pero, cuando ya llevábamos tres meses, me di cuenta de una cosa, Greg: él estaba intentando sentir algo profundo por mí, pero no lo conseguía. Fui lo suficientemente valiente para preguntarle si era así como iban a seguir las cosas y él empezó a tartamudear y a balbucear acerca de las relaciones, el terror que le dan y otras cosas por el estilo. Salí de allí por piernas, porque me di cuenta de que, por muy encantador que fuera conmigo y por mucha intimidad que aparentáramos tener, él no estaba loco por mí y yo quería más.

SI NO CREES A GREG

Veinte sobre un total de veinte hombres encuestados dijeron, sin vacilar (bueno, la encuesta se hizo por correo electrónico, pero todos parecían estar muy seguros de ello), que nunca habían estado locos por una mujer con quien no les apetecía mantener relaciones sexuales. Uno de ellos preguntó: «¿Qué? Perdón, pero... ¿cuál es la pregunta?»

Qué deberías haber aprendido en este capítulo

✔ La gente te dice cómo es constantemente. Cuando un hombre te dice que no puede ser monógamo, créelo.

✔ La amistad es maravillosa, pero la amistad con sexo es incluso mejor. Llama al pan, pan y al vino, vino, o más adecuadamente, a un amigo, un amigo. O búscate un amigo que no pueda quitarte las manos de encima.

✔ Es posible que te cueste más recuperar tu autoestima perdida que echarte un nuevo novio, de modo que aclara tus prioridades y actúa en consecuencia.

✔ Si temes caer en la tentación de pasar incontables noches durmiendo con un hombre sin pasar de los abrazos, cómprate un cachorro.

✔ Existe alguien que se muere por mantener relaciones sexuales contigo.

Un ejercicio práctico que te será de gran ayuda

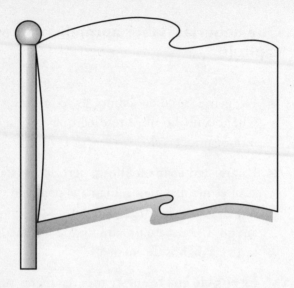

Coge un lápiz de color rojo y colorea esta bandera. Acabas de fabricar una gran bandera roja.

Muy bien, porque eso es lo que es un hombre que no quiere mantener relaciones sexuales contigo. Ahora deja el lápiz en su sitio y ve en busca de un gran amor.

5

No está loco por ti si mantiene relaciones sexuales con otras

*Nunca habrá una buena excusa
para la infidelidad*

Si te engaña con otra, dale la patada. Estoy de broma. Sé que las cosas no son tan simples. Admito que éste es un tema muy complicado. Algunos objetarán: «Pero... si sólo se trata de sexo, ¿qué más da?» Otros argumentarían que no se debe echar a perder una relación importante sólo por una cana al aire. Puede que todo eso sea cierto. Pero esto es lo que yo sé: sean cuales sean los problemas que podáis haber tenido en vuestra relación, éstos no justifican que él haya mantenido relaciones sexuales con otra persona. No preguntes qué es lo que has hecho mal. No compartas su culpa. Y, en el caso de que él te diga que simplemente «ocurrió», haz el favor de recordar que ponerle los cuernos a tu pareja no es algo que simplemente «ocurra». No se trata de un mero accidente, como si: «Buf, resbalé y, de repente, me encontré manteniendo relaciones con otra persona.» Fue algo planificado y ejecutado con el pleno convencimiento de que podría arruinar vuestra relación. Y debes saber una cosa: si tu pareja se está acostando con otra persona sin tu conocimiento ni tu aceptación, no sólo se está comportando como alguien que no está en absoluto loco por ti, sino como alguien que te tiene en muy poca estima.

La excusa de «no tiene ninguna excusa y lo sabe»

 Querido Greg:

Llevo un año viviendo con mi novio. Hace poco descubrí que hace aproximadamente un mes se acostó con una compañera de trabajo, dos veces. (¡Ella me lo explicó en una fiesta!) Se lo planteé a mi novio y él confesó. Yo hice las maletas y me fui a casa de una amiga. Ahora me llama constantemente, mendigándome que le dé una segunda oportunidad. Dice que no sabe por qué lo hizo, pero que me promete que no volverá a ocurrir. Parece muy arrepentido. ¿Qué debo hacer?

Fiona

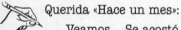 Querida «Hace un mes»:

Veamos... Se acostó con otra persona mientras estaba viviendo contigo, y tú te enteraste sólo porque ella te lo explicó. Suena como si hubiera ganado ella. ¿Cuándo es la boda? Hablando en serio, repasemos ese mes especial en vuestra casa. En ese mes mantuvo relaciones sexuales con otra mujer en dos ocasiones, volvió a casa y durmió contigo en la misma cama. Cada vez que te miraba a los ojos, te estaba ocultando su secreto. Y, si no recuerdo mal, ese caballero no confesó por su propia voluntad, sino que la destrozadora de hogares lo hizo por él. O sea que, si de él hubiera dependido, este maravilloso mes de engaños se habría convertido en dos meses, tres meses... siempre. ¿Sirven de algo sus disculpas? Bueno, puedes elegir creer en su arrepentimiento. Puedes elegir creer en que cambiará. Pero en mi opinión, mentir, ser infiel y ocultar cosas es justamente lo contrario de lo que puedes esperar de un hombre que está loco por ti.

Greg

Engañar a la pareja está mal. No saber por qué la hemos engañado todavía está peor. Si no te basta con una bandera roja, ¿por qué no te fabricas dos? No salgas con un hombre que no sabe por qué hace las cosas.

La excusa «pero me he puesto gorda»

 Querido Greg:
Llevo dos años saliendo con un chico y creía que las cosas estaban yendo muy bien. Pero, cuando vino a casa después de visitar a su familia, me confesó que se había acostado con una mujer a la que conoció en un bar. Me sentí fatal y le pregunté por qué lo había hecho. Me contestó que últimamente yo había engordado y ya no le atraía tanto sexualmente. Estoy confundi-

da. Tiene razón. Me he puesto casi diez kilos encima. ¿Debería romper con él o apuntarme a un gimnasio?

Beth

 Querida «Casi diez kilos»:

Categóricamente, creo que deberías perder ochenta kilos —los que pesa el desgraciado de tu novio—, no los diez que te has puesto encima. Te pone los cuernos y encima tiene la desfachatez de llamarte gorda. ¿Cuántos batidos proteicos para subir la autoestima puede tomarse una persona? Escudarse en tu peso para justificar su infidelidad no sólo es mezquino, sino sencillamente inaceptable. Si tiene algún problema relacionado con vuestra relación, se supone que debería hablarlo contigo, en vez de limitarse a eludirlo acostándose con otra. Y, a propósito, ¿cómo crees que va a reaccionar si alguna vez te quedas embarazada o envejeces y te salen arrugas? ¿O si te tiñes el pelo de un color que a él no le gusta? Da la patada a ese desgraciado o, si no, seré yo quien vaya a tu casa para echarlo.

Greg

La excusa «pero él tiene más deseo sexual que yo»

Querido Greg:

Mi novio y yo llevamos un año de relación. Por medio de una amiga, me he enterado de que se ha estado acostando con una chica que medio conozco. Se lo planteé y él me dijo que no practicamos el sexo lo bastante a menudo por culpa mía y que por eso ha estado acostándose con otras. Tiene razón. A veces no me apetece mantener relaciones sexuales cuando él quiere. No ocurre siempre, pero sin lugar a dudas él tiene más necesidades sexuales que yo. O sea que, en cierto modo, tiene razón. ¿Debo perdonarle e intentar poner más de mi parte?

Lorraine

 Querida «Poner más de tu parte»:

Lo único que deberías hacer es ponerle a él y todas sus cosas de patitas en la calle. No tiene ninguna excusa para acostarse con otras. Punto. Hay muchas formas diferentes de afrontar el problema, por otra parte bastante habitual, de las diferentes necesidades sexuales en el seno de una pareja. Generalmente se empieza con una conversación adulta con la esperanza de que ambas partes se pongan de acuerdo para solucionar el problema, ¡no lanzándose a la cama de otra persona que tú conoces! Tu novio no sólo no te respeta a ti ni respeta vuestra relación, sino que tampoco se respeta a sí mismo lo suficiente para mantener una relación seria. Ni siquiera es cuestión de si «está o no loco por ti». En esta situación, si te quieres a ti misma, definitivamente, no deberías estar loca por él.

Greg

Estos dos hombres sí que saben. Han traicionado sus relaciones y humillado a sus novias. Y encima les echan a ellas las culpas, sabiendo que acaban de hacer algo que las ha dejado con la moral tan baja que les resultará fácil hacerles creer cualquier sarta de mentiras. Si algo va mal en una relación, te propongo una idea brillante y madura: hablar de ello. Nunca dejes que nadie te culpe por su infidelidad.

La excusa «pero, por lo menos, no lo hizo con una desconocida»

 Querido Greg:
Llevo cerca de un año saliendo con un hombre. Estamos enamorados y nos llevamos de fábula. Recientemente se encontró con su ex, a quien hacía aproximadamente un año que no veía. (Ella lo dejó por otro hombre.) Llevan un par de años divorciados. Se acostaron juntos. Me ha dolido mucho y quiero romper con él. Pero él me pide que le perdone porque no fue con una mujer que acababa de conocer sino con su ex mujer. Me ha prometido que no volverá a ocurrir; surgieron viejos sentimientos y no pudo controlarse. Yo quiero perdonarlo —ha sido sólo una vez—, pero siento que lo ha arruinado todo. ¿Puede estar realmente enamorado de mí y hacerme esto?

Joyce

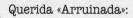 Querida «Arruinada»:

   ¿Quién decidió montárselo con su ex? ¿Me estás diciendo que la carta blanca para montárselo sexualmente con una persona es haber estado casado con ella? ¿Significa eso que tu novio también se puede acostar con la mujer que le hace la limpieza bucal? ¿Y con la chica que le revela las fotos? Cruza los dedos para que no vaya a una reunión de antiguos alumnos de instituto. De nuevo, realmente no importa si está o no enamorado de ti. Te está dando una pista muy clara sobre qué siente con respecto a vuestra relación. Pero la pregunta más importante es: ¿puedes tú seguir enamorada de él?

Greg

No puedes culpar a un hombre por tener sentimientos. Te enamoras de alguien, inicias una relación, rompes, pero sigues teniendo sentimientos. Gracias a Dios, realmente. Pero tener sentimientos no significa mantener relaciones sexuales. Si tu novio se acostó con su ex significa que tuvo que dejarse arrastrar por esos sentimientos para poder estar a solas con ella, desnudarla, besarla y hacer todas las demás cosas implicadas en el hecho de mantener relaciones sexuales. ¡Hurra por los sentimientos, pero a veces hay que saber guardarlos dentro de los calzoncillos!

¡ES MUY SENCILLO!

Si mantienes una relación monógama de mutuo acuerdo y tu pareja te es infiel, significa que ha decidido traicionar descaradamente una decisión muy importante que habíais tomado los dos juntos. Ha elegido hacerlo ocultándotelo, lo que añade mentiras y secretos a vuestra relación.

Consideremos la infidelidad como lo que es: una completa traición a la confianza. Los infieles son personas que tienen muchos problemas por resolver, y los intentan resolver a costa de tu tiempo y a expensas de tu corazón. Algunos te pondrán excusas, otros no tendrán ninguna excusa que alegar, otros te culparán a ti. Nadie puede decirte exactamente qué deberías hacer cuando te encuentres en una situación tan complicada y dolorosa. Pero lo más importante es que te respondas a esta pregunta: ¿es eso lo que esperabas de una relación?

POR QUÉ CUESTA TANTO PONERLO EN PRÁCTICA (Liz)

En mi vida, dos hombres me han dicho que me habían sido infieles al poco tiempo de iniciar la relación. (En una ocasión, lo vi en un sueño, literalmente. Se lo planteé a mi pareja y él se quedó de piedra.) De todos modos, lo que saqué en claro ambas veces es que aquellos hombres querían que yo supiera que no eran de fiar. Apenas habíamos iniciado la relación y ya estaban con un pie fuera.

La etapa en que dos personas empiezan a salir juntas es un periodo sumamente frágil y vulnerable. No hay nada mejor que el jarro de agua fría que supone la infidelidad para apagar el fuego de una relación incipiente. Yo, personalmente, no podría tolerar algo así, de modo que este consejo no me resulta tan difícil de poner en práctica como otros. Pero, si utilizo la imaginación, me doy cuenta de que al principio las líneas todavía no están tan claramente delimitadas, ni las reglas tan firmemente establecidas. Tal vez se trate del último desliz antes del compromiso definitivo. Todavía es pronto en la relación, de modo que puede ser difícil saber si se trata de un hecho puntual que no encaja en absoluto con la forma habitual de comportarse de tu pareja, o si estás saliendo con un sinvergüenza. En eso consiste empezar a salir con alguien: estás manteniendo relaciones íntimas con una persona a la que, al fin y al cabo, no conoces muy bien. Todavía no conoces su código de honor personal ni tampoco su agenda de citas. Tienes que guiarte por el instinto, por lo que te importa esa persona y por las explicaciones que él te dé al respecto. Es muy triste verse obligado a mantener este tipo de conversaciones al principio de una relación, cuando se supone que todo debería ser mimos y ternura y la gente suele mostrar lo mejor de sí misma. Espero que las cosas nos vayan mejor a todas nosotras. Lo digo de corazón.

ASÍ ES COMO DEBERÍA SER
(Liz)

Una amiga mía me contó la experiencia que tuvo cuando quedó con un hombre con quien estaba muy ilusionada: él la dejó plantada. Luego la llamó para pedirle disculpas y le dio algunas excusas. Ella le contestó que, por ella, podía perderse; sólo tenía pensado darle una oportunidad y no la había sabido aprovechar.

¿Te imaginas cómo reaccionaría esa mujer si su novio le fuera infiel?

P. D.: Se podría decir que, actuando de ese modo, allanó el terreno al próximo hombre, que no malgastó la oportunidad y ahora está casado con ella y la trata como una reina.

 ## GREG, ¡LO HE ENTENDIDO!
(Adela, 26 años)

Estuve saliendo con un chico que me gustaba mucho y que tocaba en un grupo de música de mi ciudad. Cuando llevábamos unas pocas semanas saliendo, me dijo que se había liado con una chica después de una actuación. Lamentablemente, hace algunos años habría valorado tanto el hecho de ser la novia de un chico que tocaba en un grupo musical que habría actuado como si no hubiera ocurrido nada. Pero esta vez le dije que no pasaba nada —él es libre de hacer lo que quiera—, y añadí que no volvería a verme nunca más. ¡Me sentí francamente bien!

SI NO CREES A GREG

El 100 % de los hombres encuestados dijeron que nunca se habían acostado con alguien accidentalmente. (Pero a muchos de ellos les interesaba saber cómo puede ocurrir algo así y cómo se podrían involucrar en ese tipo de accidentes.)

Qué deberías haber aprendido en este capítulo

✔ No hay ninguna excusa para la infidelidad. Déjame repetírtelo. No hay ninguna excusa para la infidelidad. Ahora dilo tú. No hay ninguna excusa para la infidelidad.

✔ La única responsabilidad que tienes tú en el desliz de otra persona es contigo misma.

✔ Poner los cuernos es poner los cuernos. No importa con quién haya sido ni cuántas veces haya ocurrido.

✔ Ser infiel resulta más fácil cada vez que se hace. Sólo cuesta la primera vez, cuando uno siente la punzada de la moralidad y la culpa por traicionar la confianza del otro.

✔ Los infieles nunca se salen con la suya. (Porque apestan.)

✔ Un infiel sólo se engaña a sí mismo, porque en el fondo siempre ha estado solo.

Un ejercicio práctico que te será de gran ayuda

Te presento cinco sugerencias sobre cosas que podría haber hecho tu pareja si no estaba satisfecho con vuestra relación. La lista no incluye acostarse con otra persona.

1. Hablar sobre ello.
2. Escribir sobre ello.
3. Cantar sobre ello.
4. Enviar un mensaje de correo electrónico sobre ello.
5. Incluso montar una representación de marionetas sobre ello.

Ahora piensa en cinco cosas más. (Sabemos que hemos mencionado las más fáciles, pero creemos que todavía se te pueden ocurrir cinco más.)

1.
2.
3.
4.
5.

Léelas, échate unas risas y dale la patada al infiel. Por descontado, no puedo decirte cómo, pero dale la patada.

6

No está loco por ti si sólo quiere verte cuando está borracho

Si le gustas, querrá verte cuando su juicio no esté deteriorado

Salir y beber es muy divertido. ¿A quién no le gusta ir un poco alegre cuando se trata de ligar? El alcohol te hace sentir más segura y, reconozcámoslo, la seguridad es un grado, y cuando te sientes segura, te resulta más fácil ser ocurrente y decir cosas picantes. No hay ningún problema en ello, siempre y cuando no confundas el hecho de romper el hielo con la verdadera intimidad. Estar bebida o colocada son estados alterados que, de hecho, te ayudan a evadirte de tus verdaderos sentimientos. Ten en cuenta que si el «Payaso Borrachín» tiene que tener siempre la nariz roja para poder intimar con alguien, eso podría ser el síntoma de un problema más grave.

La excusa «pero a mí me gusta así»

 Querido Greg:

¡Dices unas tonterías! A mi novio, el de los videoclips, le encanta beber. Tiene un trabajo muy absorbente y necesita desconectar. Y, cuando está bebido, ¡es muy cariñoso y me dice cosas preciosas sobre lo que siente por mí! ¡Me parece fantástico! ¡Algunas personas necesitan el alcohol para atreverse a compartir sus sentimientos y no creo que haya nada malo en ello! De hecho, no creo que haya nada malo en el hecho de tomar unas copas después del trabajo. Es divertido. Es como si la vida siempre fuera una fiesta. Mi novio es un chico malo. A mí siempre me han gustado los chicos malos. Son excitantes, interesantes. Si a ti no te gustan es porque eres demasiado rígido.

Nikki

 Querida Nikki:

Nikki, Nikki, Nikki, sé que te pone a cien. Te encanta ese «Joder, tía, eres tan sexy» que te susurra al oído cuando estáis en el bar, o incluso esa tierna rendición («Me gustas tanto que eres lo mejor que me ha pasado, cariño») mientras te coge por la cintura un poco demasiado fuerte. Entiendo que sus dulces y ebrias declaraciones de amor te pongan a tono. Pero, Nikki, debes saber algo: no puedes creer todo lo que te dice un hombre cuando está borracho. Y escúchalo de boca de un antiguo chico malo: los «chicos malos» son malos porque tienen problemas, además de muy poco respeto por sí mismos, mucha rabia contenida, un profundo odio hacia su propia persona y una total falta de fe en todo tipo de relación sentimental, aunque algunos vistan con estilo y tengan buenos coches. Exactamente el tipo de hombre que te conviene. ¿Verdad, Nikki?

Greg

No permitas que tu deseo de ser amada y sentir amor te nuble el entendimiento (como un enorme vaso de whisky). Si tienes la suerte de no tener que hacer frente a los graves y dolorosos problemas que conlleva el hecho de estar casada o vivir con un alcohólico, y sólo resulta que estás saliendo con un chico que bebe demasiado, por favor, no bajes la guardia. Tú sabes que no sólo te mereces un novio afectuoso y atento, sino también uno que sea afectuoso y atento y además esté sobrio.

La excusa «por lo menos no se mete droga dura»

 Querido Greg:
Mi novio es abogado y fuma maría cada noche. Cuando lo hace, actúa y habla como si no estuviera colocado. Supongo que no es muy normal que él siempre vaya colocado y yo no, pero nosotros lo llevamos muy bien. A mis amigas les extraña que salga con un porrero. Pero el caso es que él no se comporta como un porrero; por tanto, ¿qué más da? No veo qué relación puede tener esto con el hecho de que esté o no loco por mí.

Shirley

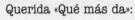 Querida «Qué más da»:

Estás muy equivocada. Déjame darte una breve clase educativa sobre lo que hacen los porros en el cerebro. La maría hace que tu cerebro vaya más despacio y que sintonices menos con tu entorno y estés más metida en ti misma. Embota tus sentidos y nubla y deteriora tu sentido de la realidad. ¿Dices que tu novio está siempre colocado cuando está contigo? Eso significa que le gustas más cuando tiene menos de ti. Estás saliendo con alguien que no te disfruta al ciento por ciento. Esto es comparable a gustarle más cuando estás en otra habitación. No significa que no está loco por ti, sino que le gusta más la hierba que tú. A propósito, si consume grandes cantidades de maría y lo arrestaran alguna vez por tráfico de drogas, podría tener problemas con la justicia, lo cual no es demasiado aconsejable para un abogado. O sea que, ¡por lo menos te puedes consolar con que también prefiere la hierba a su profesión!

Greg

No te dejes engañar. No permitas que el hombre que no se cae al suelo de la trompa que lleva encima ni se orina en los calzoncillos salga impune por el hecho de estar colocado de una forma menos ruidosa y más fina cada minuto que pasa contigo. Sigue estando ebrio, sigue estando ausente, y sigue sin ser lo bastante bueno para ti.

¡ES MUY SENCILLO!

A veces la vida es increíblemente difícil y dolorosa. Si estás buscando un compañero con quien compartir tu vida, es mejor que escojas a alguien que sea capaz de afrontarla de cabeza con todas sus dificultades.

Otro aviso más: si te das cuenta de que bebes y fumas más cuando estás con el señor Fiesta, por favor, no bajes la guardia. No es cuestión de «si no puedes vencerle, únete a él bebiendo». El hecho de que tú te pongas como una cuba no hará que él parezca menos borracho.

POR QUÉ CUESTA TANTO PONERLO EN PRÁCTICA (Liz)

No sé por qué, pero he salido con muchos alcohólicos, o, como probablemente les habría llamado cuando salía con ellos: «hombres a quienes les gusta mucho beber». No sé muy bien por qué. Lo cierto es que en mi familia no hay ningún alcohólico. Yo tampoco bebo mucho. Creo que, sencillamente, los encontraba divertidos. Me lo pasé de fábula cuando mi novio, completamente ebrio, se subió a una fuente en la boda de una amiga mía ante la atónita mirada de todos los asistentes. Me pareció desternillante. ¿Y cuando, completamente beodo, le dio por encender un paquete de petardos en medio de la cocina sólo para hacerme reír? Bueno, aquello fue adorable. Y encontré particularmente «divertido» que desapareciera durante una semana y, después de mucho llamarlo, averigüé que había vuelto con su ex novia.

Supongo que probablemente hay rasgos de personalidad que comparten muchos alcohólicos que resultan ser los que a mí me atraen especialmente. Los borrachines con quienes he salido eran todos espontáneos, divertidos, apasionados, ocurrentes, creativos, emocionalmente inestables, de poco fiar, insensibles, insinceros y poco considerados. ¡Y así me fue con todos ellos!

Entonces, ¿qué tiene de difícil este consejo? No mucho. Exceptuando que el alcohol es efectivamente un factor importante en las etapas iniciales de una relación. El primer beso, la primera vez que se mantienen relaciones sexuales... La mayoría de las relaciones sentimentales nunca habrían despegado sin un par de copas, y no hay nada malo en ello. Yo también he salido con ex alcohólicos y, la verdad, tener que afrontar esos primeros momentos sin unas gotas de alcohol es bastante duro. Pero, de hecho, también es fantástico. El amor casa perfectamente con el hecho de estar sobrio.

De modo que debemos tener muy clara la diferencia entre un par de copas para entrar en calor y el constante abuso de sustancias. Sí, he captado la idea. Y Greg quiere asegurarse de que no vamos a salir con ninguno de los alcohólicos o adictos a las drogas que se crucen en nuestro camino. Me parece bien. ¿A ti no?

Bueno, Greg, no lo haremos. ¡Palabra!

 ## ASÍ ES COMO DEBERÍA SER (Liz)

Conozco a un exitoso hombre de negocios que solía colocarse cada noche, y a veces también por las mañanas. Empezó a salir con una mujer a quien no le gustaba ese hábito, y él intentó dejar las drogas mientras estaban saliendo juntos. Un día conoció a la mujer de sus sueños y vio que, si no se desenganchaba de las drogas, no podría hacer realidad ninguno de ellos. Dejó las drogas de un día para otro y ahora pasa sus días completamente sobrio y está muy contento de haberlo hecho.

 ## GREG, ¡LO HE ENTENDIDO! (Nessa, 38 años)

Estuve saliendo con un chico que me encantaba. Nos conocimos en una fiesta cuando estábamos bebidos y conectamos. Después empezamos a salir juntos. Yo me ponía tan nerviosa cuando nos veíamos (porque me gustaba mucho) que bebía más de la cuenta. A él le gusta mucho beber, de modo que yo también intentaba estar a su altura. Al final, me di cuenta de que nos estábamos emborrachando cada vez que quedábamos. Normalmente me habría callado y habría esperado a ver cómo evolucionaban las cosas, pero esta vez tuve el coraje de decirle lo que pensaba. Me escuchó y estuvo de acuerdo en concertar una cita «sobria». Al principio fue muy raro, pero luego fue genial. ¡Estoy encantada de haberme atrevido a planteárselo!

SI NO CREES A GREG

El 100 % de los hombres encuestados dijeron que nunca habían vomitado a causa de una borrachera en la cama de una mujer que les gustaba de verdad. (Al parecer, esos hombres no saben divertirse.)

Qué deberías haber aprendido en este capítulo

✔ No cuenta a menos que te lo diga cuando está sobrio. Un «te quiero» (o cualquier cosa que se le parezca) dicho bajo la influencia de algo más fuerte que el mosto no se puede sostener ni ante un tribunal ni en la vida.

✔ El alcohol y las drogas no son un buen aliado de los sentimientos más profundos. Si no, la gente no se aplastaría latas vacías de cerveza contra el cráneo ni metería la mano en el fuego para comprobar si siente algo.

✔ Si él sólo quiere verte, hablar contigo, mantener relaciones sexuales contigo, etc., cuando está ebrio, eso no es amor.

✔ Los «chicos malos» son, efectivamente, malos.

✔ Tú te mereces estar con alguien que no necesite estar colocado para estar contigo.

Un ejercicio práctico que te será de gran ayuda

Durante las primeras etapas de una relación se suele beber mucho. Al principio, te puede resultar difícil darte cuenta de que, de hecho, nunca has visto a tu chico sobrio y discernir si eso representa un problema para ti. Por eso te hemos fabricado un pequeño calendario. (Puedes rellenarlo con tus citas.) Colorea en rojo la nariz del payaso cada día que veas a tu chico colocado. (Esto incluye, aparte de alcohol, el hachís, los relajantes musculares, la marihuana, fármacos como Oxycontin o Xanax, y demasiado Red Bull.) Tú eres la única que puede decidir qué es demasiado o demasiado poco. Pero, por lo menos, tendrás los hábitos de tu «Payaso Borrachín» delante de ti en blanco y rojo.

CALENDARIO

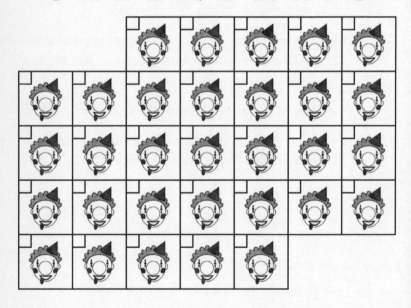

7

No está loco por ti si no quiere casarse contigo

El amor cura la fobia al compromiso

Basta con que recuerdes las siguientes palabras. Todos los hombres con quienes has salido que decían que no querían casarse, no creían en el matrimonio o se oponían al matrimonio, algún día acabarán casados, no lo dudes. Sólo que no será contigo. Porque, en el fondo, no estaban diciendo que no querían casarse, sino que no querían casarse contigo. No hay nado malo en querer contraer matrimonio. No debes avergonzarte, sentirte dependiente o chapada a la antigua por desearlo. O sea que asegúrate, desde el principio, de elegir a un hombre que comparta tus planes de futuro, y, en caso contrario, reacciona lo antes posible. Los grandes planes requieren grandes acciones.

La excusa «ahora las cosas están demasiado difíciles»

 Querido Greg:
Mi novio y yo llevamos tres años viviendo juntos. Estoy a punto de cumplir los trein-

ta y nueve y he empezado a sacar el tema de hacer planes a largo plazo, como, por ejemplo, casarnos. Él siempre parece receptivo, pero luego empieza a hablar sobre lo mal que le van las finanzas. Es inversor y trabaja como profesional autónomo; durante los dos últimos años ha perdido mucho dinero y muchos clientes, y los negocios le están yendo francamente mal. Dice que está bajo mucha presión. ¿Estoy siendo poco razonable por el hecho de querer saber hacia dónde está yendo nuestra relación? Por favor, dime qué opinas al respecto.

Barbara

 Querida «Olla a presión»:

No se te ocurra decir esta boca es mía. Quédate muy pero que muy callada. Tal vez deberías plantearte incluso la posibilidad de trasladarte a otro piso para no importunarle durante este periodo tan importante. No olvides que él es el hombre más importante del mundo y su negocio se está yendo a pique, y eso significa todo para todo el mundo. Pero ¿cómo se te ocurre? Por descontado que deberías saber hacia dónde está yendo vuestra relación. ¿Acaso no te valoras a ti misma ni valoras tu tiempo? Lo cierto es que una inversión de tres años te da derecho a saber qué es lo que te depara el futuro. Cualquier inversor que se precie me daría la razón. Todo el mundo ha perdido dinero durante los últimos dos años; el mercado se hundió y la economía se fue a pique, pero, fíjate:

aun así muchas personas se las han ingeniado para casarse. Si los dos estáis cerca de los cuarenta y lleváis tres años viviendo juntos pero él todavía no te ha pedido que seas su mujer, tal vez quieras seguir este sabio consejo: ¡despierta!, el señor Quiebra no está loco por ti.

Greg

Nunca habrá un buen momento, desde el punto de vista económico, para contraer matrimonio, a menos que seas millonaria. Pero, de una manera u otra, la gente se las arregla para casarse. Si tu pareja está utilizando el dinero como excusa para no casarse contigo, es vuestra relación la que se tambalea, no vuestra cuenta bancaria.

La excusa «pero tiene tanta pasta»

 Querido Greg,
Mi novio no es que sea el más rico del mundo, pero su familia tiene mucho dinero y a él le van muy bien los negocios. Siempre ha tenido la sensación de que las mujeres lo veían como una posible inversión. Dice que, en cuanto llevaba dos meses saliendo con una mujer, empezaba a sentir la amenaza del matrimonio acechando. Yo no soy como esas mujeres. Trabajo, me mantengo a mí misma. Nunca le pido dinero. Sencillamente, le quiero. Tengo treinta y cin-

co años, hace tres años que somos novios y dos que vivimos juntos. Nunca hemos hablado de la posibilidad de casarnos. Nunca. De lo que he averiguado sobre su pasado, parece que siempre ha roto con una mujer poco después de que ella empezara a proponerle matrimonio. Pero él tiene que saber que yo soy diferente. Sé que tener tanto dinero no debe de ser fácil, de modo que estoy intentando ser comprensiva. ¿Puede ser tan fuerte el miedo a que alguien se aproveche de ti? ¿O debo empezar a sospechar que no está lo bastante comprometido con la relación?

Arlene

 Querida «Hermanita de los ricos»:

Vaya, vaya. O sea que ahora el hecho de tener demasiado dinero se puede utilizar como excusa para no casarse. De nuevo, y asumiendo el riesgo de repetirme: tienes derecho a tener aspiraciones sobre tu futuro y a saber si esta relación va a acercarte a esas aspiraciones o a destruírtelas. Ni todo el dinero del mundo podría despojarte de ese derecho. Si ni siquiera te atreves a mencionar el tema del matrimonio por miedo a que él rompa contigo: ese tipo no sólo tiene todo el dinero, sino también todo el poder. Y, bueno, eso me irrita particularmente porque nadie debería ser tan afortunado. No te dejes intimidar por sus fajos de billetes ni por su largo bagaje de relaciones. Averigua si el señor Millonetis está realmente comprometido contigo y no aceptes ninguna de sus excusas de «pobrecito niño rico».

Greg

Personalmente considero que si necesitas romperte la cabeza pensando en cuál es la mejor forma de plantear la idea del matrimonio a una persona con quien mantienes una relación íntima desde hace una cantidad considerable de tiempo, no es muy buena señal. La mayoría de los hombres, o mejor, el tipo de hombres con quien a mí me gustaría que mantuvieras una relación de pareja dejarán claro, en cuanto sea razonablemente posible, que ellos van en serio. O sea que si tu pareja no va en serio desenmascara sus sentimientos contradictorios y sus conflictos lo antes posible. Y luego, en cuanto te sientas preparada, ve en busca de alguien a quien le importen de verdad tus sentimientos.

EL dilema «¿es realmente una excusa?»

 Querido Greg:
Tengo treinta y tres años y hace dos que vivo con mi novio. Estamos enamorados, se porta de maravilla conmigo y nos entendemos a la perfección. No tiene ningún problema en comprometerse conmigo, simplemente no se quiere casar. Se casó joven y se divorció joven. Dice que no quiere estropear algo tan bonito. Me parece absurdo romper con él sólo porque no quiera casar-

se. Estamos compartiendo nuestras vidas y somos felices. Incluso está dispuesto a tener hijos. Simplemente no quiere contraer matrimonio. En este caso, no creo que eso indique que no está loco por mí. Creo que lo único que indica es que pasa del matrimonio.

Lindsey

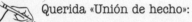

Querida «Unión de hecho»:

Bueno, sé que esto va a crear polémica, pero lo voy a decir. Por muy traumático que fuera su divorcio (y sé que puede serlo en proporciones épicas), la persona con quien quieres compartir tu vida y tener hijos debería quererte lo suficiente como para casarse contigo si eso es importante para ti. Tú eres la única que puede decidir si el matrimonio es o no motivo suficiente para romper una relación. Yo no te puedo decir si merece la pena que rompas con él si sois felices compartiendo vuestras vidas. Es algo que tienes que decidir tú. Yo no me he divorciado nunca, pero te puedo asegurar que me casaría con mi mujer en todos los husos horarios si ella me lo pidiera. En mi opinión chapada a la antigua, considero que tener un pie dentro es lo mismo que tener uno fuera.

Greg

El matrimonio es una tradición que, en cierto modo, nos han impuesto, y por ello es objeto de muchas críticas. Pero si tu pareja está tan en contra del matrimonio como tú lo estás a favor, por favor, asegúrate de que no hay otros motivos ocultos, aparte de que es contrario a esta institución.

La vieja excusa de «todavía no estoy preparado»

 Querido Greg:
Llevo saliendo con mi novio desde los veintitrés años. Ahora tengo veintiocho. Empezamos a hablar sobre el matrimonio hace dos años, y él me dijo que no estaba preparado. De modo que empezamos a vivir juntos para que se fuera «preparando». Hace poco volvimos a hablar del tema y me volvió a decir que no se sentía preparado. Me recordó que todavía somos jóvenes y que tenemos mucha vida por delante y que no hay ningún motivo para precipitar las cosas. En cierto modo, tiene razón. Sólo tengo veintiocho años y ahora la gente se casa mucho mayor. Además, a veces a los chicos les cuesta más madurar que a las chicas. Por eso quiero ser comprensiva, pero no estoy segura de cuánto tiempo se supone que tendré que esperar. ¿Necesita más tiempo o, sencillamente, no está tan loco por mí como para casarse conmigo?

Danielle

Querida «Esperando en el altar»:

Él tiene razón. ¿Por qué precipitarse? Sólo lleváis cinco años de novios. Te conocerá mucho mejor cuando lleváis diez. Y tú tienes todo el tiempo del mundo, ¿verdad? Pero ¿y si dentro de diez años todavía considera que no está preparado? Odio tener que decirte esto, pero he aquí la razón de que tema precipitarse: todavía no está seguro de que tú seas la elegida. Sí, sé que es duro oírlo, pero mejor que lo oigas ahora que dentro de diez años. O sea que puedes seguir sometiéndote a esa extraña prueba para que él se aclare de una vez sobre si mereces o no convertirte en su futura y afortunada mujer, o bien buscar a otra persona que no necesite una década para darse cuenta de que tú eres lo mejor que le ha pasado en la vida.

Greg

No estoy preparado. Ésta es la excusa más manida de todas, pero siempre surte efecto. A las mujeres les encanta esperar a que los hombres se sientan preparados. Las mujeres debéis de disfrutar de lo lindo esperando, porque le dedicáis un montón de tiempo. Y lo encuentro bastante paradójico, puesto que vosotras sois las que tenéis ese reloj biológico. Todos conocemos alguna pareja que lleva cinco... ocho años de noviazgo y sigue sin dar el paso de casarse. Sabemos que esa pareja nunca ha acabado de funcionar. De modo que ¿por qué no dejas de esperar y empiezas a buscar a ese hombre que no podrá esperar a darte todo su amor?

La excusa «lo único que necesita es un modelo mejor»

 Querido Greg:

¡Eres tan duro de mollera! Mi novio, ya sabes, el director de videoclips, dice que no cree en el matrimonio. Pero yo sé que es por culpa de su loca y estrambótica madre (está mal de la cabeza, Greg), y por el matrimonio completamente enfermizo de sus padres. Por eso ahora no hago caso de lo que dice acerca del matrimonio, porque sé que pronto se dará cuenta de que yo no soy como su madre y entonces me pedirá que me case con él. Además, de todos modos, ahora yo tampoco estoy preparada para el matrimonio.

Nikki

 Querida Nikki:

Es una lástima que no te sientas preparada para casarte con el señor Videoclip Spielberg, pues parece que hayáis sentado las bases de una relación genial y duradera. Pero, hablando en serio, me gustan los hombres que les dicen a sus parejas inequívocamente que no creen en el matrimonio. Me refiero a que no se andan por las ramas ni dan falsas esperanzas. Pero debes saber, Nikki, que ese hombre no va a pisar nada que se parezca a un altar en breve, a menos que sea para recoger un premio de la MTV. Pero siéntete libre para recordarle que no eres su madre. De hecho, asegúrate de repetírselo constantemente. Seguro que le encanta.

Greg

Para la mayoría de hombres que merecen realmente la pena es muy importante encontrar, por fin, a la mujer con quien les gustaría pasar el resto de sus vidas. Lo más probable es que, si un hombre está seguro de haber encontrado a la elegida, no le dirá inmediatamente que la idea de compartir legalmente sus vidas le parece repugnante. Quien avisa no es traidor.

¡ES MUY SENCILLO!

¿Por qué avergonzarse? ¿Por qué sentir esa enorme, desagradable y bochornosa vergüenza? Está bien quererse casar. Está bien preguntarle a tu pareja si se ve casado o si se ve casado contigo. Déjame recordártelo: existen muchos, muchísimos hombres que se quieren casar y que se están casando; por eso sigue habiendo tantos floristas, tantos curas y tantos restaurantes especializados en banquetes de boda.

P. D.: No desperdicies tu tiempo entregando tu corazón a cualquier hombre que te haga romperte la cabeza pensando en lo que siente realmente por ti.

POR QUÉ CUESTA TANTO PONERLO EN PRÁCTICA (Liz)

Mucha gente considera que casarse es una chorrada. Muchas mujeres, hombres, filósofos, antropólogos, psicólogos, feministas y científicos opinan, por distintos motivos, que el matrimonio es una institución defectuosa, anticuada y abocada al fracaso. Rasca un poco en cualquier parte y encontrarás a alguien deseoso de hablarte pestes sobre el matrimonio.

Eso es todo. Pero ¿es eso de lo que estamos hablando aquí? Yo creo que a veces los hombres quieren hacernos creer que es ahí donde está el debate. Pero pongamos los puntos sobre las íes. Lo que aquí nos interesa es lo siguiente: ¿se está escudando en excusas poco convincentes sobre el matrimonio para ocultar el hecho de que nunca se ha imaginado un futuro contigo?

Ésa es la pregunta difícil. Y las mujeres son inteligentes. Si se tranquilizaran y dejaran de escuchar todas esas excusas, o de creer lo que quieren que sea cierto y lo que desean que les digan, y cogieran el toro por los cuernos, creo que saldrían de dudas. Sabrían percibir la diferencia entre un hombre que realmente tiene problemas con el matrimonio pero está profundamente comprometido con la relación y uno que no es más que un impostor.

Pero ésta es la parte más difícil de este consejo. Es muy fácil sentirse estúpida por el hecho de querer contraer matrimonio, sobre todo cuando estás con alguien que no lo desea. Me refiero a que, si los dos sois tan felices estando juntos, ¿por qué complicar las cosas? De hecho, es como si ya estuvierais casados, entonces ¿por qué hacer una montaña? ¿Qué más te da lo que opine tu familia? ¿Acaso ellos viven contigo? ¿Sólo porque todas tus amigas se casen significa que tú también tienes que hacerlo? Parece como si no te importara con quién te vas a casar. Sólo quieres estar casada.

Todos son argumentos válidos. Y, asumámoslo, el matrimonio no ha tenido muy buena prensa durante las últimas cuatro décadas. Y también es cierto que hay algunas mujeres a quienes no les importa en absoluto con quién se van a casar y lo único que les interesa es estar casadas. Pero, repito, no es de eso de lo que estamos hablando. Antes de entrar en ningún debate sociopolítico y antropológico sobre el matrimonio como anticuado contrato financiero por la propiedad, etcétera, etcétera, hazte a ti misma algunas preguntas importantes, preguntas que sólo podrás contestar en momentos de sensatez y claridad mental. ¿Te sientes verdaderamente querida? ¿Sientes que él está profundamente comprometido con la relación? ¿Crees que tiene alguna duda sobre si quiere construir una vida en común? Si las respuestas a estas preguntas son sí, sí, no, entonces deja que empiece la discusión, porque podría tener algún sentido. Pero si tienes la sensación de que él siempre se guarda una carta en la manga, o te parece que estás gastando mucha energía intentado convertirte en algo que crees que a él le hará más feliz, entonces reacciona y aléjate de él. No permitas que te haga sentir estúpida por querer sentirte querida.

 ## ASÍ ES COMO DEBERÍA SER (Liz)

Tengo una amiga cuya pareja ha cruzado todo el país sólo para vivir con ella. Cuando estábamos tomando unas copas todos juntos, salió el tema del matrimonio y él se enfrascó en una larga diatriba sobre su absoluta falta de fe en esta institución. Por lo visto, se crió en un ambiente donde había una fuerte presión por casarse, y todos los matrimonios que conocía eran infelices y enfermizos. Mi amiga se quedó sorprendida por aquella reacción tan extrema, y bastante preocupada al respecto. No era una mujer obsesionada con el matrimonio, pero siempre lo había visto como una opción. Le dio bastantes vueltas al tema y se dio cuenta de que lo que quería realmente era estar con aquel hombre que había cruzado todo el país para vivir con ella. De modo que se hizo a la idea de que no se casaría nunca. Al cabo de un año, su pareja le propuso matrimonio porque se había dado cuenta de que la amaba y sabía que era importante para ella.

 ## GREG, ¡LO HE ENTENDIDO!
(Sandy, 33 años)

Estuve saliendo con un chico durante un año y medio. Tuvimos varias conversaciones sobre el matrimonio. Un día me di cuenta de que todas las conversaciones que habíamos tenido sobre el tema las había iniciado yo. «Pues claro —me contestaba siempre—, tú eres mi alma gemela. Estoy loquito por ti. Te quiero como nunca he querido a nadie, etcétera, etcétera.» Cuando se lo pedía directamente: «¿Quieres casarte conmigo?», él me contestaba: «Si, me encantaría.» Pero un día lo vi claro: nunca había oído las palabras «quiero casarme contigo» saliendo de su boca. Literalmente, el día que tuve aquella revelación, lo dejé. Ni que decir tiene que ahora me siento mucho más feliz saliendo con hombres que la primera semana me dicen: «Vaya, no entiendo cómo no estás casada. ¡Si eres estupenda!»

SI NO CREES A GREG

El 100 % de los hombres encuestados nos dijeron que no tendrían ningún inconveniente en casarse con una mujer si estuvieran convencidos de que era el amor de su vida. Un hombre contestó: «¿Qué tipo de cabeza de chorlito podría ver algún problema en el hecho de casarse con el amor de su vida?»

Qué deberías haber aprendido en este capítulo

✔ «No se quiere casar» y «No quiere casarse conmigo» son dos cosas muy diferentes. Averigua a qué categoría pertenece tu pareja.

✔ Si tenéis distintos puntos de vista sobre el matrimonio, ¿en qué otras cosas no coincidís? Es el momento de hacer inventario.

✔ Si no te parece que te estás precipitando, ¿por qué esperar?

✔ Nikki está loca.

✔ Existe un hombre a quien le encantaría casarse contigo.

Un ejercicio práctico que te será de gran ayuda

Por favor, anota cuánto tardaste en empezar a pensar que tal vez te gustaría casarte con el hombre con quien estás saliendo.

Anota cuánto tiempo te costó estar segura de ello.

Reflexiona sobre si lo encuentras una cantidad de tiempo razonable. Y luego dite a ti misma que él no tiene ninguna excusa para no habérselo planteado todavía.

8

No está loco por ti si ha cortado contigo

«No quiero salir contigo» significa exactamente eso

Todos queremos sentirnos queridos y necesitados, sobre todo por la persona que acaba de cortar con nosotros. Es comprensible. ¿Qué podría ser mejor que oír de boca del hombre que te acaba de decir que no quiere que sigas formando parte de su vida un triste y melancólico «te echo de menos» al otro lado del teléfono? Es halagador, emocionante, ¡irresistible! Pero debes resistir. A no ser que te llame para decirte que ha alquilado una furgoneta para pasar a recoger todas tus cosas y llevarte de vuelta a su casa, considérate como una suave y acogedora almohada que va a utilizar a modo de consuelo para poder sobrellevar unos sentimientos de pérdida y soledad que todavía no está completamente preparado para afrontar él solo.

La excusa «pero me echa de menos»

 Querido Greg:
   Mi novio y yo llevábamos dos años de relación y uno viviendo juntos. Empezamos a

discutir y a tener todo tipo de problemas.
Él rompió conmigo hace tres semanas y yo me
cambié de casa. Por supuesto, estoy destrozada. Lo que pasa es que ahora me llama
constantemente. Quiere hablar conmigo. Me
pregunta por amigos comunes y quiere saber
cómo está mi familia. Quiere seguir al tanto de todos los pequeños detalles de mi
vida, como si continuáramos siendo novios.
Mis amigas dicen que debería dejar de hablar con él, pero yo creo que me echa de menos, y eso me gusta. Yo también le echo de
menos. Me da la sensación de que, si seguimos en contacto, recordará lo fabulosa que soy, y, al final, se dará cuenta de
que tenemos que volver a estar juntos.
¿Qué opinas?

Brenda

Querida «Recuerdos de colores desleídos»:

Me alegra que quiera mantenerse al tanto de cómo
eras. ¿Quién no necesita un nuevo colega telefónico, especialmente teniendo en cuenta que has tenido que cambiar de teléfono y de piso? Utiliza la llamada en espera y
escucha una gran verdad: un hombre que quiere conseguir que una relación funcione, removerá cielo y tierra
para retener a la mujer que ama. Si tu ex no te llama para decirte que te quiere y le gustaría volver a intentarlo,
sólo debería ser porque se va a presentar en tu casa para decírtelo en persona. Si no está intentado reconquis-

tarte con montañas de citas, ramos de flores y poemas, sólo debería ser porque está completamente absorbido por sus libros de autoayuda sobre relaciones de pareja a fin de reencontrar el buen camino. Si no está haciendo todo eso, es posible que te quiera y que te eche de menos, pero, sin lugar a dudas, no está loco por ti. Deja de contestar a sus llamadas y haz que se dé cuenta de lo que significa realmente vivir sin ti.

Greg

No te sientas adulada porque él te eche de menos. Debería echarte de menos. Eres una buena persona. De todos modos, él sigue siendo la misma persona que cortó contigo hace dos semanas. Recuerda que el único motivo de que ahora te eche de menos es porque está eligiendo, cada día, no estar contigo.

La excusa «pero así los dos nos sentimos menos presionados»

 Querido Greg:
   He estado saliendo con un chico durante un mes. Rompió conmigo porque no sentía que aquello pudiera evolucionar a una relación seria. Lo entendí y lo encajé bien. Él quería saber si todavía podíamos seguir saliendo como amigos, y yo le dije que por supuesto que sí. Ahora hemos vuelto a quedar y, siempre que salimos juntos, acabamos

acostándonos, exactamente igual que antes (con la salvedad de que se supone que hemos «roto»). Lo encuentro muy atractivo y me encanta mantener relaciones sexuales con él. También creo que le debo de gustar, ya que no puede evitar estar cerca de mí. Y me parece que es una forma muy «tranqui» y distendida de pasárnoslo bien. He decidido que ya me va bien así y no voy a llamarle la atención sobre el hecho de que, en el fondo, estamos saliendo. Si no fuera porque se supone que hemos roto...

Cheryl Lynn

Querida «Salir o no salir»:

¡Dios mío! Ese tipo es increíble. Queda contigo, empezáis a salir juntos, corta contigo, pero se sigue acostando contigo, lo que, básicamente, lo exime de toda responsabilidad para con tus sentimientos. Después de todo, no te debe ninguna explicación: él no es «nada» tuyo. ¡Es un genio! ¡Es diabólico! ¡Es él quien debería escribir un libro, no nosotros! De hecho, apuesto a que ese tipo podría crear escuela si quisiera. Y, deja que lo adivine, tú firmarías para que las cosas siguieran así. Pero, por si te interesa, a ese hombre no «le gustas tanto que no puede evitar estar cerca de ti». Porque lo que hacen los hombres cuando no pueden vivir sin una mujer no es romper con ella. Salta a la vista que ese hombre no está en absoluto loco por ti. La mejor forma de averiguar lo poco colgado de ti que está es comprobando lo fácil que te resultará librarte de él.

Greg

Cuando deseas con todas tus fuerzas estar con alguien, es muy tentador conformarse con mucho, muchísimo menos de lo que jamás te habrías imaginado. Por favor, no pierdas de vista tus metas. Recuerda siempre adónde quieres llegar y, por favor, no te conformes con menos. Si no eres capaz de hacerlo por ti, hazlo por las demás mujeres: ese tipo de hombres existe porque hay muchas mujeres que les permiten ser así.

La excusa «pero todo el mundo lo hace»

 Querido Greg:
Sí. Romper pero seguir manteniendo relaciones sexuales. Hasta ahora había sido excitante, emotivo, extraño. Pero ahora estoy atormentada; le amo y no puedo contenerme. Creía que podías romper y seguir montándotelo sexualmente con tu ex, pero ahora estoy hecha un verdadero lío. Ayuda.

Ileen

 Querida «Si ya sabes de que va el tema, ¿por qué sigues en su piso?»:
Olvídate de lo bien que os lo pasáis en la cama, vístete y vete directamente a la casa de tu mejor amiga. No

busques ninguna excusa para quedarte en su piso. No creas que lo alta que está ahora la temperatura de vuestra «relación» significa que estáis hechos el uno para el otro. Sí, romper con tu ex y seguir montándotelo sexualmente con él puede parecer una buena idea, porque es agradable mantener relaciones sexuales con una persona que conoces. Y es agradable mantener relaciones sexuales con alguien que te despierta todos esos sentimientos tan intensos. Lo hace precisamente eso: intenso. Pero —y tú lo sabes mejor que nadie—, lo confunde todo, y hace que te sientas fatal. Porque, asúmelo, eres una mujer, y las mujeres no pueden separar el sexo de las emociones. (¿Cuántas veces tendré que repetírtelo? ¡Me haces parecer un pesado!) O sea que no vuelvas a cometer ese error. ¿Lo has entendido? Él no está loco por ti. Sólo le gustan los bailes de disfraces. Punto y final.

Greg

No subestimes el poder del sexo, ni siquiera con alguien con quien llevas mucho tiempo practicándolo. Especialmente con alguien con quien llevas mucho tiempo practicándolo. Cortar con alguien significa no volver a verlo, lo que también incluye no volver a verlo desnudo. Puede ser tentador olvidar esta perla de la sabiduría, pero recuerda que sigue siendo sólo sexo con tu ex. Todavía no hay nadie que le haya cambiado el nombre por: «Qué pasada, el sexo fue tan bien que nos hicimos novios otra vez y, después de mantener relaciones sexuales, vivimos felices y comimos perdices.»

La excusa «pero luego me pide que volvamos a ser novios»

 Querido Greg:

Tengo un novio que ha cortado conmigo varias veces. Cada vez que lo hace, luego me llama para pedirme que volvamos a estar juntos; me explica lo mucho que me echa de menos y que ha cometido una terrible equivocación. Ya lo ha hecho tres veces en el último año y medio. Es algo que odio, pero sigo volviendo con él porque le quiero. Me repito a mí misma que debe de estar realmente loco por mí si me sigue pidiendo que volvamos a estar juntos. ¿Qué opinas?

Cristina

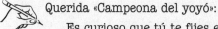 Querida «Campeona del yoyó»:

Es curioso que tú te fijes en las veces que tu chico ha vuelto con el rabo entre las piernas, mientras que yo me fijo en las veces en que te ha dicho que no quiere volverte a ver nunca más. Para los dos, suman tres, pero apostaría a que el cómputo no acaba aquí. Porque —y lamento decírtelo— lo que está haciendo ese individuo cuando se toma un descanso de vuestra relación es olfatear en busca de algo mejor, y, cuando no lo encuentra y se siente solo, vuelve al «redil». No es que no pueda estar sin ti, es que no puede estar solo. No le des la oportunidad de romper contigo por cuarta vez. (Vaya, hasta la idea de hacerlo parece indigna de ti, ¿verdad?) Reajusta tu tope de rupturas a uno y reacciona.

Greg

Decidir volver a intentarlo con una persona que ha cortado contigo es una decisión difícil y compleja. Sólo recuerda que la persona con la que vas a volver es la misma que, no hace mucho, te miró a los ojos, evaluó todas tus cualidades y te dijo que podía prescindir de tu compañía. Si parece como si los extraterrestres hubieran abducido a tu amado y le hubieran reprogramado el cerebro para que esté realmente loco por ti, por favor, considera la posibilidad de que lo único que haya ocurrido es que el impostor se ha sentido un poco solo.

La excusa «pero es que soy tan buenaza»

 Querido Greg:
   Mi novio y yo rompimos hace una semana. (Bueno, él rompió conmigo.) Me he enterado de que va a tener que salir de la ciudad para cuidar de su madre con motivo de una intervención quirúrgica, y yo me he ofrecido a cuidarle los gatos, que son una monada. Él ha aceptado mi ofrecimiento. Creo que está muy impresionado por lo bien que lo estoy llevando. Mis amigas dicen que soy débil, pero creo que ellas no ven las cosas en su justa medida. Hemos sido novios durante tres años y no considero que así, de

repente, tenga que despreocuparme completamente de él o de sus gatos (que son ado-
rables).

Dana

 Querida «Amante de los gatos»:
Ni lo intentes. Te lo digo en serio. Si en tres años todavía no se ha dado cuenta de que tú eres la mujer que
puede hacer un cielo de su vida en la tierra, un par de la-
titas de comida de gato no lo van a conseguir. ¿Y qué pasará cuando regrese de la operación de su madre?, ¿lo
extirparás quirúrgicamente de tu vida? Devuélvele las
llaves de su casa junto con el número del refugio para
gatos que tenga el anuncio más bonito en las páginas
amarillas. Cualquier cosa que hagas que sobrepase estas
medidas no te reinstaurará como su novia. Sólo te con-
vertirá en su criada.

Greg

No confundas tener clase con ser un felpudo. Tener clase
es alejarse con la cabeza bien alta, con elegancia y dignidad.
Ser un felpudo es ofrecerse a llevarle al dentista para que le
empasten una caries.

La excusa «no acepto que haya roto conmigo»

 Querido Greg:

Pues bien, resulta que mi novio, el de los videoclips, me ha dejado porque es un cerdo..., pero tengo algunas cosas suyas en mi apartamento y no se las voy a devolver porque sé que va a cambiar de opinión. Y yo no dejo de llamarle para hacerle recapacitar, cosa que acabará haciendo porque me quiere de verdad y, en el fondo, no quería romper conmigo. Pero él lo único que quiere es recuperar ese estúpido Palm Pilot. Un hombre no te dice todas esas cosas tan bonitas, ni te lleva a todas esas fiestas tan geniales y te presenta a todos esos amigos fantásticos y después, de repente, cambia de opinión. A la gente no le gusta otra persona hasta la médula un día y se levanta al día siguiente y ya no quiere estar con ella. Estoy completamente destrozada porque yo le amaba de verdad. Tal vez no me creas, Greg, pero le quería con todas mis fuerzas y me encantaba estar con él, pero ahora ni siquiera me puedo levantar de la cama de lo mucho que he llorado. Sólo está atravesando un bache y no voy a tomármelo en serio.

Nikki

Querida Nikki:

Siento que tu novio te haya dejado. No puedo decir que no lo veía venir, pero ahora no es el momento para recrearse en el sufrimiento. Lo que tienes que hacer inmediatamente es poner fin a ese rollo psicótico. Llamarle incesantemente y no devolverle sus cosas no es precisamente la mejor forma de volverse a ganar a un hombre. De hecho, es la mejor forma de provocar en él la reacción de «¿Cómo pude salir alguna vez con semejante zorra psicótica? ¿Qué ha sido de aquella mujer resuelta y segura de sí misma? ¿Se ha convertido en una vulgar lunática?». No, no lo ha hecho, de modo que no sigas por esa vía, Nikki. A veces la gente cambia de parecer, a veces conoce a otra persona, a veces vuelve a estar sobria (él bebía demasiado), y a veces sencillamente vale tan poco la pena que es una suerte librarse de ella (y no estoy juzgando a nadie en concreto). No importa cuál sea el motivo, ya que no puedes hacerle cambiar de parecer. Venga Nikki, por favor, compórtate, porque lo que peor te sabrá más adelante no será haber perdido a ese bebedor compulsivo que no quería casarse contigo y estaba demasiado ocupado y era demasiado importante para hacerte un hueco en su vida, sino cómo te comportaste cuando él cortó contigo. Te lo puedo jurar.

Greg

Una sola regla: no pierdas nunca la clase. Hay que conservar siempre la compostura y la cordura. De hecho, son dos reglas, pero confía en mí, nunca te lamentarás de haberlas seguido. Si no encuentras ningún otro motivo, piensa que así podrás estar segura de no tener nunca el desagradable recuerdo de haber destrozado su ropa o abandonado a su pobre perro en la cuneta.

¡ES MUY SENCILLO!

Tu pareja te dice que quiere romper contigo. Es posible que después se dé cuenta de que ha cometido la mayor equivocación de su vida. Es posible que no. En cualquier caso, insisto, en cualquier caso, lo que tú tienes que hacer es seguir adelante con tu vida y hacerlo deprisa. Siempre podrá intentar echarte el lazo cuando tú ya hayas salido corriendo. Si lo hace, recuerda que sonará como: «Volvamos a estar juntos»; «¿Por qué no vamos a ver a un psicólogo?»; «Intentémoslo de nuevo». Pero, desde luego, no sonará como: «¿Podrías sacarme el perro a pasear?»; «Sólo llamaba para ver cómo te van las cosas»; «¿Te apetece ir al cine?»; «¿Vendrás conmigo a la boda de mi primo George?».

POR QUÉ CUESTA TANTO PONERLO EN PRÁCTICA (Liz)

¡Oh! No sé, ¡es tan duro! Querer a alguien, estar con él y conocer a su familia, sus amigos y cada centímetro de su cuerpo, verlo desnudo cada día, no haberte sentido nunca de ese modo, sentir que toda tu vida ha cambiado a mejor, acumular horas, días y semanas de recuerdos felices, pensar que vas a pasar el resto de tu vida a su lado y, entonces, enterarte de que él quiere dejar de verte... mañana.

¿Acaso está tan mal esperar un destello, un rayito de luz que te devuelva la esperanza, una señal de que tal vez se lo está replanteando? ¿Que tal vez ha reflexionado y se ha dado cuenta de que tú has sido lo mejor que le ha ocurrido nunca, que nadie se portará tan bien con él como tú, que no podrá encontrar a ninguna otra persona que conecte con él a un nivel tan profundo y que lo entienda tanto como le entiendes tú? ¿Es tan malo seguir hablando con él, preparándole pastas, haciéndole regalos, grabándole cedés, poniendo comida a sus peces, hablando con sus padres, llamando a sus amigos, metiendo las narices en su buzón de voz? Esto último era broma. Pero, en serio, ¿qué hay de malo en llevar la ruptura de una relación con clase, madurez y buen gusto, siguiendo en contacto, manteniendo una relación amistosa, conversando y tal vez yendo al cine de vez en cuando? ¿Y acaso sería tan terrible si, a raíz de ese comportamiento tan elegante y maduro, él entra en razón y se da cuenta que tú eres lo mejor que le ha pasado jamás? ¿Sería eso tan terrible?

Yo no lo creo. Considero que es un plan sumamente inteligente que muestra una perfecta combinación de madurez y astucia. No puedo creer que en la historia de la humanidad y las rupturas sentimentales nunca haya funcionado. ¿Qué hay de malo en ello?

Nada, pero tengo entendido que las rupturas sentimentales se supone que son eso: rupturas. Drásticas y limpias. Sin hablar, sin verse, sin tocarse... ¡las manos quietas! La relación ha concluido. La mitad de las personas que conozco se cambian de barrio después de una ruptura sentimental, y, para ser sincera, lo veo lógico. De nuevo, esto es algo que, en gran medida, ya sabíamos. No tiene demasiado sentido que te acuestes con el mismo individuo que te partió el corazón hace una semana. De acuerdo. Pero, entonces, ¿qué se supone qué deberíamos hacer? ¿Cómo vamos a llenar nuestro tiempo si no es intentando recuperarlo (mientras intentamos convencer a nuestras amistades de que no lo estamos haciendo)? ¿Eh?

De acuerdo. La próxima vez que me encuentre en esa situación, lloraré. Me quedaré en la cama y sollozaré. Iré al gimnasio, si me veo con fuerzas. Llamaré a todos mis amigos y les contaré mis penas. Dormiré demasiado. Lloraré un poco más. Iré más a menudo a terapia. Me compraré un cachorro. Haré todo lo que tenga que hacer para que, al final, pueda salir del bache y volver a ponerme las pilas.

Está bien, Greg. Tú móntatelo a tu modo. Pero yo sigo pensando que mi modo también puede funcionar.

 ## ASÍ ES COMO DEBERÍA SER
(Liz)

Conozco a una pareja que mantuvo una relación sentimental durante muchos años y luego cortaron. Tenían muchos amigos comunes y a todo el mundo le costó mucho encajarlo. Al cabo de cinco años se volvieron a juntar y ahora están felizmente casados. Durante el tiempo en que estuvieron separados no hubo citas, ni llamadas telefónicas, ni fueron de «colegas». No se atormentaron, no se confundieron ni se hicieron daño mutuamente en el proceso. Siguieron cada uno con su vida, creciendo como personas separadamente, y se dieron cuenta, mucho más adelante, de que podrían volver a estar juntos.

GREG, ¡LO HE ENTENDIDO!
(Callie, 26 años)

Hace poco le dije a mi ex que había empezado a salir con un hombre. Ya hacía seis meses que habíamos roto. ¡Ahora no puedo quitármelo de encima! Me llama, me recuerda que tengo que ir a recoger mi correo, me invita a ir al cine. No voy a mentir, me encantan tantas atenciones, pero, ¿sabes una cosa?, ahora me he dado cuenta de que nada de eso es real. No me ha pedido que volvamos a intentarlo ni lo hará. Sólo está celoso. En otro momento de mi vida su comportamiento podría haberme dado falsas esperanzas, pero ahora lo único que me provoca es risa. ¡A los hombres se les ve el plumero!

SI NO CREES A GREG

El 100 % de los hombres encuestados dijeron que en todas las ocasiones en que cortaron con una mujer, lo hicieron porque querían poner fin a la relación.

(Un hombre hasta añadió: «Para montártelo bien sexualmente con tu ex, antes tienes que romper con ella.» ¡No se te ocurra salir con ese hombre!)

Qué deberías haber aprendido en este capítulo

✔ No siempre puedes salirte con la tuya tras una ruptura sentimental. No es algo que esté abierto a la discusión. Una ruptura es un acto definitivo, no uno democrático.

✔ Aunque mantengas relaciones sexuales con tu ex, él sigue siendo tu ex.

✔ Corta por lo sano. Deja que él te eche de menos.

✔ No hace falta que nadie le recuerde que eres fabulosa.

✔ Él es capaz de cuidar de su gato.

✔ Tener clase no significa meter las narices en su contestador automático.

✔ Existe un hombre que va a ponerse muy contento de que no hayas vuelto con el desgraciado de tu ex.

Un ejercicio práctico que te será de gran ayuda

¡Es tan extraño! Encontramos esta nota en el suelo cuando estábamos escribiendo este libro. Es de tu futura pareja. ¿Verdad que es una curiosa coincidencia?

Hola, preciosa:

No puedo esperar a que te olvides de ese tipo con el que salías. Parece un verdadero sinvergüenza. Espero que no tardes mucho. Eres demasiado atractiva para estar sola demasiado tiempo.

Ven a buscarme. Estoy fuera esperándote.

Tu futuro

9

No está loco por ti si se ha esfumado

A veces hay que pasar página por una misma

Se ha ido. ¡Vaya palo! Se ha esfumado. Bueno, aquí no hay mensajes contradictorios. Te ha dejado tan claro que no estaba loco por ti que ni siquiera se ha tomado la molestia de dejar una nota. Puede que esta vez no te des tanta prisa en buscar excusas para justificar su comportamiento. Es tan doloroso que resulta imposible no sentirse herida o enfadada. Pero, precisamente por eso, es posible que te sientas tentada a darte a ti misma algunas excusas para intentar entender lo ocurrido. Tienes un buen motivo para dedicar mucha energía a resolver el «Misterio del hombre desaparecido». Pero todas esas excusas, por válidas que sean, a la larga no te ayudarán. Porque la única parte de esta historia que es importante que recuerdes es que él ya no quiere estar contigo. Y no tuvo el valor de decírtelo a la cara. Caso cerrado.

La excusa «tal vez haya muerto»

 Querido Greg:
Tuve una aventura con un chico francés que era muy atractivo. Fue muy divertido,

pero también tuve la sensación de que la cosa podría ir a más. Volvió a Francia y empezamos a escribirnos mensajes de correo electrónico. Todo era muy tierno y romántico. De repente, después de uno de mis mensajes, dejó de escribir. De eso hace ya dos semanas. Greg, tal vez le haya ocurrido algo. Tal vez no recibió mi último mail. Tal vez escribí algo que le molestó. No soporto la idea de pensar que no volveré a tener noticias suyas. Me resulta muy difícil. ¿Puedo escribirle otra vez sólo para hacer un último intento de contactar con él?

Nora

Querida «Fraternité»:

Sí, puedes volverle a escribir si quieres darle la oportunidad de que te vuelva a rechazar. Tal vez lo haya atropellado un camión de patés y ahora está en el hospital y por eso no te puede escribir. Sí, podría ser. Pero la ley de la probabilidad dice que es mucho más factible que haya conocido a otra persona o se haya dado cuenta de que no le van las relaciones a distancia o, simplemente, que tú no eres la chica de sus sueños. Si quieres volverle a escribir para pedirle que te vuelva a dar con la puerta en las narices por el 0,0001% de probabilidades de que se le haya estropeado el teléfono o el ordenador y haya perdido toda posibilidad de establecer contacto contigo, hazlo. Pero no digas que no te avisé.

Greg

No hay nada peor que no obtener respuesta, en los negocios, en la amistad y, especialmente, en las relaciones sentimentales. Lo peor es que ninguna respuesta es una respuesta. Tal vez no te haya escrito ninguna nota de despedida, pero su silencio es un ensordecedor «si te he visto, no me acuerdo». La única razón para volverle a escribir es que quieras darle la oportunidad de que te lo diga todavía más alto, con palabras. ¿Y no lo recuerdas? Estás demasiado ocupada y tienes una vida social demasiado ajetreada para eso.

La excusa «¿pero por qué no puedo, por lo menos, desquitarme dándole cuatro gritos?»

 Querido Greg:
Estuve saliendo en serio con un chico durante tres meses y, de repente, desapareció. No tuve noticias suyas en varios días. Me preocupé, de modo que llamé a su mejor amigo, quien me explicó que mi novio había vuelto con su ex y estaban viviendo juntos. Como comprenderás, ya me he dado cuenta de que no estaba precisamente loco por mí, pero ¿no tengo derecho a averiguar cómo ha podido hacerme algo así? ¿No tengo derecho a darle su merecido después de lo que me ha hecho?

Renee

Querida «Simplemente se fue»:

Seguro. Pero ¿sabes una cosa? Él sabía que iba a sentarte como un tiro. Es un cerdo integral, no un idiota. Vio toda la película en su cabeza. Por eso se limitó a desaparecer. Lo que no se imaginaba es lo rápido que ibas a pasar de él y lo mal que se ha portado contigo. Tú se lo demostrarás no volviendo a hablar con él ni con sus amigos, nunca más.

P. D.: Y, tranquila, tendrá lo que se merece. Vaya a donde vaya, seguirá siendo el mismo cerdo.

Greg

A corto plazo, el hecho de llamar a alguien y darle cuatro gritos puede ayudarte a sentirte mejor. Pero, a la larga, preferirás no haberle concedido el mérito de haberte arruinado la vida, o siquiera el día. Deja esa tarea en manos de otra persona y dedica tu energía a cosas más productivas. Tal vez tengas la impresión de que estás permitiendo que se quede sin recibir una merecida reprimenda. Pero, confía en mí, nada de lo que le digas le sorprenderá. Y tú tienes cosas mucho mejores que hacer con tu tiempo.

La excusa «pero yo sólo quiero una respuesta»

 Querido Greg:

Cuando llevábamos seis meses de relación, mi novio y yo visitamos California. Lo pasamos en grande. Cuando volvimos a casa, se fue a ver a su madre, que vive en Boston. Cuando le llamé para ver cómo estaba, su madre me dijo que se había ido a Florida a visitar a un amigo suyo. No he vuelto a tener noticias suyas. Estoy destrozada. Considero que la única forma de hacer honor a mis sentimientos y a nuestra relación es llamarle para averiguar qué ha pasado. ¿Qué hay de malo en ello?

Liza

Querida «Elegiste un erizo»:

¿Mereces saber lo que ocurrió? Sí. Pero, sintiéndolo mucho, yo no puedo explicártelo. Estabas saliendo con la peor persona del mundo. ¿Qué podía haberte dicho ese tipo para que se encendiera una enorme bombilla de felicidad sobre tu cabeza que te hiciera exclamar: «Ah, ahora entiendo por qué mi novio me dejó sin mediar palabra, se fue a vivir a Florida y nunca volví a saber de él»? Nada de lo que podría haberte dicho te habría parecido satisfactorio. Pero lo que sí te reportará satisfacciones es no invertir en él ni un ápice más de tu energía. Escogiste un erizo. Pasa de él.

P. D.: Si voy alguna vez a Florida, le daré una patada en el culo.

Greg

A veces el comportamiento de una persona es tan detestable que no hay ninguna duda sobre cómo se debe actuar. La gran equivocación que cometiste fue elegir mal desde el principio. La mejor forma de rectificar ese error es aprender de él, reaccionando y eligiendo con más tino la próxima vez. Y hazlo pronto, antes de malgastar ni una pizca más de tu precioso tiempo.

¡ES MUY SENCILLO!

La razón de que sea tan doloroso que alguien desaparezca de tu vida es que tienes que afrontar el hecho de que la persona que amabas probablemente te había dejado mucho antes de que cogiera sus cosas y se esfumara. Lo más duro de todo es darte cuenta de que, de algún modo, te estaba mintiendo antes de desaparecer. No te preguntes qué hiciste mal o qué habrías podido hacer mejor. No sometas a tu corazón ni a tu mente a un esfuerzo inútil intentando entender por qué hizo lo que hizo. Ni te recrees pensando en todo lo que te dijo, preguntándote qué era verdad y qué mentira. Lo único que necesitas saber es que hay muy buenas noticias: se ha ido. ¡Aleluya! Y, como se suele decir, si te he visto, no me acuerdo.

POR QUÉ CUESTA TANTO PONERLO EN PRÁCTICA (Liz)

¡Oh! ¡Válgame Dios! Esto sí que es imposible. Él ha desaparecido. Simplemente ha dejado de llamarte o escribirte o verte, así, de repente. Manteníais lo que tú considerabas algún tipo de «relación sentimental». Sentías que, hubiera lo que hubiese entre vosotros, garantizaba por lo menos una mínima explicación si uno decidía cortar por lo sano. Pero, en lugar de ello, sólo has encontrado silencio. Ninguna explicación, ningún adiós. Sólo el vacío. No hay nada peor en una relación sentimental, nada peor que esa desagradable sensación que notas en la boca del estómago cuando el hombre con quien estabas saliendo o que estabas empezando a conocer decide fugarse en vez de hablarte sobre ello. Es lo peor de lo peor.

Primero te sientes herida. Pero después te sientes desamparada e impotente, completa y totalmente impotente. Él ha desaparecido, haciéndote sentir que no le importabas y que no significabas absolutamente nada para él. Es posible que también estés conmocionada. Tal vez él nunca se había comportado así, de modo que también te sentirás increíblemente decepcionada. «¿Cómo es posible? ¿Ahora tiene que dejar de gustarme? ¿Tengo que pensar que es un sinvergüenza? ¿Es así como tenía que acabar esta relación? Tiene que haber alguna explicación razonable.»

O sea que empiezas a dedicar a ese gran hombre una parte considerable de tu tiempo y de tu energía, buscando excusas para explicar su desaparición (está ocupado, muy ocupado... y tal vez esté ocupado), esperando todavía que recapacite y, por lo menos, te envíe un mensaje de correo electrónico. Después empiezas a repasar todo lo que dijiste, hiciste o escribiste que pudo motivar su huida. ¿Qué fue tan inapropiado o tan ruin de lo que hice o dije que no tuvo otra opción que poner pies en polvorosa? Te culpas a ti misma por lo que percibes como un error de estrategia. «¡Oh, si hubiera jugado mejor mis cartas, todavía sería mío!» O simplemente te preocupa la posibilidad de que esté muerto en alguna cuneta. ¿Por qué otro motivo podría haber desaparecido así?

Quieres llamarle, decirle algo o escribirle. Estás enfadada o dolida, o todavía albergas la esperanza de que esté en coma en algún hospital. Pero, independientemente de cómo te sientas, estás convencida de que tienes derecho a pedirle explicaciones o a averiguar lo que ha ocurrido. ¿Qué es peor que no saber? Nada. Excepto, tal vez, no poder echarle la bronca que merece.

Greg diría que la mejor respuesta en este tipo de situaciones no es enfadarse, sino distanciarse emocionalmente lo antes posible. Greg diría que ya conocemos la respuesta: no quería seguir conmigo y no fue lo bastante hombre como para decírmelo a la cara. ¿No te basta con esa respuesta? Y entonces yo le contestaría: «No, no me basta. Esa respuesta no me convence en absoluto. Quiero saber por qué.» Y Greg respondería: «¿Estás segura? ¿Realmente necesitas que él te detalle todas y cada una de las razones por las que no quiere volver a verte?»

Odio a Greg.

Las rupturas sentimentales son horribles. Pero, en mi opinión, lo que es realmente devastador es tener la sensación de que ni siquiera te mereces una ruptura como Dios manda. De nuevo, opino que es natural querer hacer algo al respecto. Greg pretende que ese «algo» sea «cambiar de chip», en contraposición a mirar atrás. No concluir las cosas es una de las cosas que a mí y a mucha gente nos resultan más difíciles, de modo que sé que puede resultarte imposible no llamar al sinvergüenza de tu ex. Pero intuyo que Greg te daría otra lección de las suyas (es tan sabelotodo) y te diría que, antes de hacer esa llamada o escribir ese correo electrónico, deberías, por lo menos, representártelo mentalmente. ¿Te ayudaría eso realmente a sentirte mejor? ¿Crees sinceramente que eso cambiaría el modo en que se siente tu ex por lo que te ha hecho o el modo en que te sientes tú? ¿Es eso lo único que crees que te ayudaría a salir del bache? Si la respuesta es afirmativa, yo te diría que Greg puede decir misa, ¡pero tú llama al sinvergüenza de tu ex! Aunque supongo que lo deseable sería (por lo menos para mí) saber darme cuenta de que, cuando un hombre deja de querer comunicarse conmigo y no tiene la educación ni la valentía de decírmelo a la cara, me está dando toda la información que necesito. En mi opinión, éste es el consejo más difícil de poner en práctica de todos los que nos ha dado Greg. Pero, sin lugar a dudas, me gusta mucho el tipo de mujer que es capaz de seguirlo. ¡Buena suerte a todas!

 ## ASÍ ES COMO DEBERÍA SER (Greg)

He de admitir, no sin arrepentirme, que «desaparecí» de la vida de una mujer cuando era soltero. Al cabo de un año, vi a aquella mujer en la calle, en la puerta de un café. Tenía un aspecto magnífico e iba de la mano de un hombre muy atractivo. Me di cuenta de que era evidente que yo estaba a diez millones de kilómetros de sus pensamientos, y probablemente había sido así dos minutos después de que dejé de llamarla. Su vida me pareció mucho más digna que mi comportamiento.

 ## GREG, ¡LO HE ENTENDIDO!
(Nora, 41 años)

De acuerdo, Greg, no enviaré ningún correo electrónico al chico francés. Te lo prometo.

SI NO CREES A GREG

El 100% de los hombres encuestados que habían «desaparecido» de la vida de una mujer dijeron que sabían perfectamente que estaban haciendo algo horrible, pero que ni el hecho de recibir una llamada de aquellas mujeres ni el de conversar con ellas les habría hecho cambiar de parecer.

Qué deberías haber aprendido en este capítulo

✔ Es posible que esté en el hospital afectado de amnesia, pero es mucho más probable que no esté loco por ti.

✔ Ninguna respuesta es una respuesta.

✔ No le des la oportunidad de que vuelva a rechazarte.

✔ Deja que sea su madre quien le regañe. Tú estás demasiado ocupada.

✔ A veces tienes que pasar página por ti misma.

✔ No es ningún misterio: él se ha largado y no era lo bastante bueno para ti.

Un ejercicio práctico que te será de gran ayuda

Te propondríamos un ejercicio si creyéramos realmente que ese individuo merece que le dediques un ápice de tu tiempo, pero no es el caso. O sea que tómate la tarde libre, sal por ahí y pásatelo bien.

Con cariño, de tus amigos de *¿De verdad está tan loco por ti?*, Greg y Liz.

Está bien, si eso no te basta...

Es el consejo más antiguo del libro, pero es la única concesión que estamos dispuestos a hacerte. Escríbele a ese tipo una carta muy, muy larga, preguntándole todo lo que necesitas preguntarle. Dile todo lo que le quieras decir. Llámale de todas las formas que le quieras llamar. Di algo impropio sobre su madre. Y luego —lo has adivinado— rómpela.

Ésta es la máxima cantidad de tiempo que te dejaremos dedicar a ese desgraciado.

10

No está loco por ti si está casado (y otras absurdas variantes de no estar disponible)

Si no puedes amar libremente, no es verdadero amor

Sé que esto va a crear polémica, pero lo voy a decir de todos modos. Por muy intensos y reales que sean los sentimientos que tienes hacia una persona, si esa persona no puede corresponderte plena y abiertamente y, por lo tanto, amarte activamente, esos sentimientos no significan nada. No pongo en duda que sean fuertes, profundos y míticos en alcance y proporción. Es posible que «nunca te hayas sentido así». Pero ¿qué más da? Si la persona que «amas» (fíjate en las molestas comillas) no puede pasar libremente sus días pensando en ti y estando contigo, eso no es amor verdadero.

La excusa «pero su mujer es una arpía»

 Querido Greg:
Me he liado con mi jefe, un hombre casado. Lo llevamos en secreto para que nadie se entere. Estoy enamorada de él hasta la

médula, y él lo está de mí. Sé que no está
bien liarse con un hombre casado, pero su
mujer se porta fatal con él. Le insulta y
le dice que es idiota. Nunca mantienen relaciones sexuales. Él dice que yo soy lo único que lo mantiene vivo. ¿Cómo puedo dejar-
le cuando está pasándolo tan mal y estando
tan enamorada de él?

Blaire

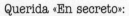 Querida «En secreto»:

¿Cómo es posible? ¿Estamos manteniendo esta conversación? ¿De verdad quieres que te explique por qué
no deberías entenderte con un hombre casado? Bueno,
está bien. Te diré el secreto de tu jefe: es un hombre casado y está teniendo una aventura contigo, lo cual me indica muchas cosas. En primer lugar, no le importa mentir (una gran cualidad). En segundo lugar, le parece bien
estar engañando a su mujer (maravilloso). En tercer lugar, no tiene ninguna consideración por su matrimonio.
(¡Vaya joya!) Cuarto y lo que más te incumbe a ti, tampoco tiene la más mínima consideración por ti, porque lo
único que te está dando son migajas: tiempo robado entur-
biado por la sombra de la vergüenza. (Exactamente con
lo que siempre soñaste cuando eras niña, ¿verdad?) Y,
puesto que ésta es una aventura en el trabajo, ¿a quién
crees que echarán cuando la relación se agrie o amenace
con poner en peligro su puesto de trabajo o su matrimonio? A ti. ¿Y quién verá puesta en entredicho su reputa-
ción como trabajador responsable? ¿Lo adivinas? Buena

chica. Por muy horrible que sea su matrimonio o muy mal que le trate su mujer, es obvio que no está tan mal o, si no, acabaría con esa situación. Una buena relación no debe llevarse en secreto. Ve y búscate otra que puedas vivir abierta y libremente.

Greg

Sé que las cosas parecen mucho más fáciles cuando tu aventura es con un hombre cuya mujer es una bruja chillona y malvada. Pero, independientemente de cómo sea su relación y cuáles sean sus circunstancias, tú sigues ayudando a un hombre a engañar a su mujer. Y estamos de acuerdo en que tú eres mejor que eso.

La excusa «pero... ¡es tan buena persona!»

 Querido Greg:
Nunca pensé que me encontraría en esta situación. Sé que se supone que no debes liarte con un hombre casado, pero aquí me tienes. Lo conocí en una conferencia que se celebró lejos de mi ciudad, pero acabé viéndole por motivos de trabajo en la ciudad donde vivo. Nos enamoramos y una cosa llevó a la otra. Nos vemos cada vez que viene a la ciudad por trabajo, algo que hace bastante a menudo. Sería fácil pensar en todas las cosas malas que debería pensar acerca de esta situación, pero el caso es

que él es un hombre bueno y encantador. Nunca había hecho nada semejante, y nunca habla mal de su mujer. Estamos profundamente enamorados. Tengo treinta y seis años y jamás había sentido algo tan fuerte por nadie. Él dice que le ocurre lo mismo. Se ha planteado dejar a su mujer, pero tiene dos hijos pequeños y no quiere destrozarles la vida. Él se atormenta mucho por toda la situación. Yo me siento fatal, pero, al mismo tiempo, creo que merezco sentir un amor así. Y, si lo siento con tanta intensidad, debe de ser real y debe de tener una razón de ser. No es la típica historia de estar liada con un hombre casado, Greg: ¡es mi vida! Y me siento completamente distinta.

Belinda

Querida «La otra mujer»:

Hola, chica lista. Me alegra oír que sabes que mereces sentir un amor profundo e intenso. Yo creo que deberías sentirlo por alguien que sea tuyo de verdad. El mundo está lleno de hombres solteros. ¿Por qué no te buscas a uno que pueda ser completamente tuyo? Sí, ya sé que a veces la gente se desenamora, se casa con la persona equivocada, se deja arrastrar por la pasión o elige mal, y todo ello puede desembocar en una aventura amorosa. Te diré el modo en que tú y tu amado hombre casado podéis afrontar la situación: dejad de veros; deja que él reflexione sobre su vida y que tome una decisión. Si sigue con su mujer, tú te convertirás en aquella chica que tuvo una aventura con un hombre que nunca pensó realmente en dejar a su mujer. Si deja a su mujer, podréis iniciar una vida en común sin cortapisas y sin la sombra de la vergüenza.

Greg

No es ninguna broma, ni estoy intentando ser un simplista (aunque lo haya sido un poco en la carta anterior). Quieres amar y sentirte amada y crees que, por fin, has encontrado el amor. Pero él está casado. Por favor, intenta no olvidar ese hecho. Está casado con otra mujer. Sé que tú eres diferente y que esta vez es diferente, pero la cuestión es que él sigue estando casado. Si sólo hay una bandera roja que no puedes pasar por alto en toda tu vida, por favor, haz que sea ésta. Hay demasiado en juego para todas las partes implicadas.

La excusa «sólo es cuestión de esperar un poco»

 Querido Greg:
He empezado a salir con un hombre que es muy divertido y tierno y un soplo de aire fresco. Me llama cuando dice que me va a llamar, conduce un buen trecho hasta mi casa para pasarme a recoger, y lo cierto es que nos lo pasamos francamente bien los dos juntos. El único problema es que está teniendo una

amarga batalla por la custodia de sus hijos y no puede dejar de hablar sobre el tema. Incluso cuando le pido por favor que no me explique más cosas al respecto, él sigue erre que erre, hablando sobre su mujer y lo mucho que la odia, lo mentirosa que es y que seguro que acaba saliéndose con la suya. Entiendo que está atravesando un momento difícil y no quiero tirarlo todo por la borda sólo por ese motivo. ¿Debería ser más comprensiva y escucharle para que pueda airear sus preocupaciones?

Pam

Querida «Medianoche en el oasis»:

¡Vaya! O sea que es divertido y tierno y un soplo de aire fresco, pero no puede dejar de vomitar bilis y hablar sobre su ex esposa. Parece un buen partido. Sí, lo digo en serio. Lamento mucho que en los tiempos que corren sea tan difícil encontrar a un hombre decente que permitís que cualquier tipo puntual y capaz de usar el teléfono y de conducir un coche se salga con la suya. No es un panorama demasiado alentador, y no estoy muy seguro de saber qué se puede hacer al respecto. En lo que a ti te concierne, da la impresión de que no hay ninguna posibilidad de que en este momento el hombre con quien sales esté loco por ti o vaya a estarlo en breve, aunque sólo sea porque ahora no le queda sitio para ti en su pequeña y enfadada cabecita. Te diré mi propuesta: no parece que te haya dado suficientes motivos para que sigas presenciando pacientemente ese vodevil de actor único titulado: «Quiero matar a mi mujer.» Si te echa de menos, siempre podrá llamarte cuando se haya tranquilizado y tenga las ideas claras. Mientras tanto, tú tienes cosas mucho mejores que hacer con tu tiempo, como salir a dar una vuelta y comprar una entrada para una obra de teatro de mucha más calidad.

Greg

No es demasiado alentador tener que pensar en una relación con un hombre como en algo que exige una espera. El hombre con quien estás saliendo no es ningún valor en el que se supone que tienes que invertir. Es un hombre que debería estar lo suficientemente disponible desde el punto de vista afectivo para hablar contigo, verte y tal vez enamorarse locamente de ti. Por eso estáis saliendo juntos. Y si quieres conformarte con el mínimo más absoluto, por lo menos debería tener la cortesía de ser una compañía agradable.

¡ES MUY SENCILLO!

Sí. Vas a conocer a muchos hombres en muchas etapas diferentes del proceso de recuperarse de una relación sentimental. Pero si alguno de esos hombres está realmente loco por ti se sobrepondrá rápidamente y se asegurará de no perderte. O te dejará muy claro cuáles son sus sentimientos hacia ti para que no haya ningún misterio, y te dirá abiertamente que ahora no está en situación de iniciar ninguna relación. Y así podrás estar segura de que, en cuanto esté preparado, irá corriendo en tu busca. A ti no se te olvida fácilmente.

POR QUÉ CUESTA TANTO PONERLO EN PRÁCTICA (Liz)

Porque se trata de ti, no de alguien sobre quien has leído, oído hablar o visto en un programa de televisión. Se trata de tu vida y es duro. Tú te mereces ser feliz, como su mujer o su novia. Y a veces la gente se casa sin haber encontrado a su media naranja. O, sencillamente, los matrimonios se van muriendo poco a poco hasta que no queda nada de lo que fueron. O, aunque él no esté casado, de algún modo tiene a otra persona en la cabeza. Bueno, la mayoría de los hombres suelen estar saliendo de una relación sentimental mientras se están involucrando en otra..., de modo que ¿por qué no seguir aguantando durante el resto de tu vida hasta que se quite a su ex de la cabeza?

La palabra clave en ambos casos es «espera». Eres tú quien tiene que esperar: ofrecer tu tiempo, morderte la lengua, contener tus deseos, aplacar tus necesidades. Ese hombre es muy especial. Se merece que te sientes a esperarle, suspendiendo temporalmente tu vida, sin conseguir lo que quieres, mientras él se toma su tiempo organizándose o aclarándose. Él es muy especial. Pero tú, por descontado, no lo eres.

Resulta que yo he sido particularmente buena en ofrecer mi tiempo pidiendo muy poco a cambio y contentándome incluso con menos de lo que me daban. No me he liado con ningún hombre casado, pero soy una experta en iniciar relaciones sentimentales con hombres que no estaban disponibles desde el punto de vista emocional. Debo ser sincera: todo parece muy noble, muy romántico y muy especial cuando estás sumida en la tristeza y llena de deseos no satisfechos porque sabes que el hombre que amas, por uno u otro motivo, no puede ser tuyo justo en ese momento. Y tú sólo quieres esperarle, porque tus sentimientos hacia él son muy intensos y profundos. (Por descontado, ahora sospecho que mis sentimientos hacia aquellos hombres eran tan fuertes y profundos precisamente porque no podían ser míos, aunque no podría demostrarlo ante un tribunal.) Si todo esto te suena a conocido porque tú también tiendes a involucrarte en este tipo de relaciones, y nada de lo que te digan este libro, tus amigas o tu terapeuta te ayuda a cambiar, al final, como yo, espero, acabarás cansándote.

A veces ni toda la ayuda psicológica del mundo sirve de nada. A veces es el hastío el que acaba haciendo el trabajo. Te acabas cansando de tener siempre menos de lo que toda la demás gente parece tener, menos de lo que tú quieres. Empiezas a pensar que tal vez merezcas algo mejor, no porque hayas aprendido a quererte a ti misma, hayas perdido peso o hayas visto una película preciosa en la tele, sino porque te acabas hartando de pasarlo mal una y otra vez. Eso es lo que me ocurrió a mí, creo. Espero que tú no tardes tanto tiempo como yo en llegar a ese punto.

 ## ASÍ ES COMO DEBERÍA SER (Liz)

Mi amiga conoció a un hombre que había roto con su novia hacía sólo dos semanas después de vivir con ella durante tres años. Mi amiga pensó que su relación sólo iba a ser la típica aventurilla de rebote. Al principio, él también lo creyó. Pero luego se dio cuenta de que se estaba colgando de ella y, aunque podría haber utilizado la excusa de que todavía no estaba preparado porque «acababa de salir de otra relación», no lo hizo. Actuó de ese modo porque mi amiga le interesaba de verdad y nunca dejó que sintiera que estaba en segundo plano. Ahora mantienen una relación seria.

GREG, ¡LO HE ENTENDIDO!
(Janine, 43 años)

Hace poco conocí por Internet a un hombre cuya mujer había fallecido hacía tres meses. Quedamos unas cuantas veces y vi claramente que todavía no estaba preparado para salir con nadie. Estaba profundamente afectado y se pasaba todo el tiempo hablando sobre su mujer y lo maravillosa que era. Estuve tentada de consolarlo, cuidar de él y ayudarle a reponerse. Me gustaba y tenía fantasías sobre cómo irían las cosas cuando él estuviera «repuesto». Pero entonces me di cuenta de que no quería estar con alguien que tenía que «curarse» de tantas heridas para poder iniciar una relación sana. Le dije que no me sentía cómoda saliendo con él cuando la muerte de su mujer era todavía tan reciente, pero que no cerraba ninguna puerta y me encantaría volverlo a ver más adelante. Luego me volví a conectar a Internet y seguí buscando.

SI NO CREES A GREG

Un amigo mío quedó por primera vez con una mujer que le dijo que estaba saliendo con un hombre casado. Él le dijo inmediatamente que no habría una segunda cita, porque si ella no se quería lo bastante a sí misma como para mantener una relación como Dios manda, ¿por qué iba a quererla él?

Qué deberías haber aprendido en este capítulo

✔ Está casado.

✔ Si no es completamente tuyo, sigue siendo de otra mujer.

✔ Hay muchos hombres interesantes y solteros en el mundo. Encuentra uno y sal con él.

✔ Si el hombre con quien sales no deja de despotricar contra su ex mujer o de llorar por su última novia, intenta encontrar a otra persona con quien ir al cine.

✔ Está casado.

✔ No te conformes con ser «la otra».

✔ Tú no eres fácil de olvidar. Deja que te busque cuando se sienta preparado.

Un ejercicio práctico que te será de gran ayuda

Enuncia cinco cualidades que valoras o has valorado alguna vez en un hombre. Tienes cinco líneas. Esperaremos...

1.

2.

3.

4.

5.

Ahora mira la lista. ¿Un hombre casado o «no disponible desde el punto de vista emocional» cumple esos requisitos?

Sabíamos que no. Vales demasiado y eres demasiado inteligente para conformarte con eso.

11

No está loco por ti si es un egoísta, un canalla o un verdadero sinvergüenza

Cuando quieres de verdad a alguien, te gusta hacerle feliz

«Tiene muchas cosas buenas. Las tiene, de verdad. Pero me gustaría que no me dijera continuamente que cierre la boca.» Pues sí: eso sí que es un problema. Intenta no ignorarlo. Sé que «tiene muchas otras grandes cualidades». Por eso te enamoraste de él en un principio. Sé que no te habrías enamorado de un cerdo. Pero éste es mi consejo: olvídate de él y de sus buenas cualidades. Olvídate incluso de las malas. Olvídate de todas sus excusas y de sus promesas. Hazte sólo una pregunta: ¿te está haciendo feliz? Las personas somos complicadas. Somos una extraña amalgama de cualidades loables y disfuncionales. Por eso somos tan condenadamente difíciles de entender. Por eso intentar entender a ciertas personas es una pérdida de tiempo. ¿Te hace feliz? No me refiero a si te hace feliz de vez en cuando, en contadas ocasiones o no muy a menudo, pero «lo bueno compensa lo malo». ¿Invierte una enorme cantidad de su tiempo y energía cada día en intentar hacerte la vida más agradable? Si la respuesta es «no», déjalo y ve en busca de otro hombre con un «balance más positivo».

La excusa «pero está intentando mejorar»

 Querido Greg:

Mi novio es un egoísta. Dice que me quiere y que formo parte de su vida; mantenemos una relación bastante estrecha con las familias de ambos y es un buen hombre en muchos sentidos. Pero llevamos cuatro años viviendo juntos y es incapaz de compartir las tareas domésticas. Además no es nada detallista: nunca me propone citas románticas, no le da demasiada importancia a mi cumpleaños, nunca me trae flores, no saca el perro a pasear, apenas me echa piropos, no me da las gracias cuando preparo una buena cena para él y sus amigos, no es muy cariñoso conmigo y no quiere que vayamos a ningún sitio en especial por vacaciones. Hablamos de ello constantemente y siempre me jura que está intentando cambiar, pero sus cambios son bastante imperceptibles.

Mi pregunta es: ¿puede quererme tanto como dice y ser tan egoísta?

Paula

 Querida «Sedienta de atenciones»:

Debes de estar tomándome el pelo. Coge tu carta y léela en voz alta, a solas o delante de una amiga. Si no se te ocurre la respuesta, llama a la policía, porque alguien te ha robado el entendimiento.

P. D.: La respuesta a tu pregunta es «no». La gente que se quiere generalmente intenta hacerse la vida mutuamente agradable. Algunos hasta disfrutan tratando bien a su pareja e intentando hacerle la vida más placentera. Es posible que él crea que te quiere, y tal vez lo haga, pero lo hace francamente mal. Y el resultado es exactamente el mismo que si no estuviera loco por ti.

Greg

Si de repente ves con total claridad que estás viviendo con un grandísimo egoísta, intenta no alargar la relación durante cuatro años más. Lo más probable es que el señor Egoísta haya intentado mostrarte cómo es desde el primer día.

La excusa «pero lo educaron así»

 Querido Greg:
Mi novio, con quien llevo aproximadamente un año de relación, es perfecto en todos los sentidos. El único problema es que se crió en una familia muy disfuncional, con un único hermano y una madre que estaba loca. Yo vengo de una familia muy grande y muy unida, donde todos nos queremos mucho. Él nunca quiere pasar tiempo con mi familia, y, si le doy a elegir, prefiere quedarse en casa en vez de acompañarme a visitarla. Cuando lo llevo a cenas y cele-

braciones familiares, siempre está seco y taciturno. Hablamos del tema y él me dice que simplemente no le va ese rollo de la familia. Me cuesta imaginarme un futuro con alguien que es así, pero, al mismo tiempo, ¿no es más importante cómo nos llevamos cuando estamos los dos solos? Además, supongo que acabará acostumbrándose a mi familia y no será tan reacio a visitarla, ¿no crees? Son gente encantadora.

Enid

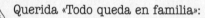

Querida «Todo queda en familia»:

O sea que tu novio es perfecto en todos los sentidos excepto en que pasa de tu familia. ¡Vaya! Es una excepción bastante importante. Seguro que eso le da una buena excusa para ser egoísta. (Porque de eso se trata precisamente.) Mucha gente no incluye el pasar tiempo con la familia entre sus diez actividades favoritas. Pero ¿no te gustaría poder incluir a tu novio algún día en tu familia? De hecho, en los viejos tiempos (no sé exactamente cuándo, pero ya sabes a qué me refiero), tu familia habría tenido que darte el visto bueno incluso antes de que conocieras a tu novio. Así que no renuncies a tu familia por ese tipo. Si estuviera realmente loco por ti y planificando un futuro a tu lado, cada vez que viera a tu estupenda familia se esforzaría un poco por agradarles, y tal vez hasta les prepararía un pastel.

Greg

No tiene que encantarle tu colección de cedés. No es preciso que le gusten tus zapatos. Pero cualquier hombre bueno y maduro hará un esfuerzo por querer a tus amigos y a tu familia, especialmente si son estupendos.

La excusa «pero no va a ser siempre así»

 Querido Greg:

Estoy saliendo con un chico que estudia medicina. Está sobrecargado de trabajo y arrastra mucho cansancio, por lo que se enfada con facilidad. Me grita cuando lo despierto por error, y el otro día me chilló porque le molesté cuando estaba estudiando para un examen muy importante. La cuestión es que yo sé que esto es temporal porque, cuando empezamos a salir, él todavía no había empezado la carrera y las cosas eran muy diferentes. Era muy dulce y considerado conmigo. Además, de vez en cuando, le sabe mal y se disculpa, alegando que está sometido a una gran presión. Sé que la persona dulce y considerada va a volver, Greg.

Denise

P. D.: Además, ¡yo siempre quise casarme con un médico!

¡Querida «Aguantagritos»!:

Me da igual si está estudiando para ser médico o para convertirse en el próximo Mesías. No hay ninguna justificación para gritarle a nadie, a menos que sea para avisarle: «¡Que viene un autobús!», o algo por el estilo. Y no se trata de algo temporal. La gente que chilla a los demás tiene problemas relacionados con la ira y necesita ayuda. La gente que grita es gente que cree que tiene el privilegio de gritar. Dime una cosa: ¿quieres formar parte de ese tipo de parejas? Ya sabes a qué me refiero, esas parejas donde el hombre grita constantemente a la mujer. O, todavía mejor, ¿quieres que el futuro padre de tus hijos sea un gritón? No lo creo. No esperes a que Mr. Hyde se transforme de nuevo en el Dr. Jekyll y búscate un hombre que sepa de verdad qué significa cuidar de los demás.

Greg

La excusa «lo que cuenta es lo que pasa de puertas adentro»

Querido Greg:

Quiero a mi novio. Vivimos juntos y se porta muy bien conmigo. Me lleva de vacaciones a lugares caros, me hace regalos preciosos y es muy detallista conmigo. Me siento muy segura a su lado. Pero a mis amigos no les cae muy bien porque resulta que, cuando salimos todos juntos, le da por burlarse un poco de mí. Se mofa del hecho de que yo no fuera a la universidad. Siempre me corrige cuando digo algo gramaticalmente incorrecto o doy una información equivocada. Le encanta discrepar de mí delante de otras personas y hace una montaña cuando demuestro no estar lo informada que debiera sobre los temas actuales. No me importa. Supongo que todo se debe a mi inseguridad. Cuando estamos solos no se comporta así. Lo juro. Entonces, ¿por qué debería darle importancia? Lo que cuenta ¿no es lo que pasa de puertas adentro?

Nina

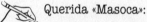

Querida «Masoca»:

Tu novio parece perfecto, si te gusta la gente malvada. ¿Por qué deberías querer estar con alguien que te desprecia para poder sentirse superior? ¡Y especialmente delante de tus amigos! ¿En qué universidad se estudia la carrera de humillación pública? Porque en eso es en lo que se especializó ese individuo si cree que denigrándote delante de tus amigos va a parecer otra cosa que un idiota. ¿Y por qué deberías darle importancia si te trata mejor cuando estáis solos? Porque parece que sólo quiere salir en grupo para humillarte públicamente. Da la patada al señor Estirado y «licénciate» en un hombre que congenie con tus amigos y sepa salir en grupo sin despreciarte.

Greg

La excusa «pero él sólo intenta ayudarme»

 Querido Greg:

Tengo un novio que entiende de verdad por lo que estoy pasando. Siempre he tenido problemas con la línea y llevo toda mi vida luchado contra ellos. Él es un fanático del gimnasio y cuida mucho lo que come. Me dice qué es lo que puedo y no puedo comer. Cuando tengo la tentación de saltarme alguna prohibición, me dice que irá directo a mi trasero. Cuando me estoy engordando, me lo dice, pero también me lo dice cuando adelgazo. Creo que es fantástico que entienda tan bien mis problemas con la línea. Mis amigas dicen que no me trata bien. Pero yo no estoy de acuerdo. ¿Qué opinas tú, Greg?

Nadia

 Querida «Vigila la línea»:

Ese individuo no parece tu entrenador personal sino tu «maltratador personal». Y, a modo de recordatorio, el único título que ostenta es el de «novio personal». Pero es un maltratador personal sumamente inteligente. Sabe que te sientes mal contigo misma y se aprovecha de eso. Los abusones como él —incluso los que levantan pesas cada día— necesitan aprovecharse de personas más débiles que ellos. Ya es hora de que utilices esos preciosos muslos que tienes para alejarte de él y no volverlo a ver.

Greg

Voy a comentar las tres últimas cartas a la vez. Hay muchos comportamientos que se pueden considerar ejemplos de malos tratos dentro de la pareja, aunque no supongan infligir lesiones físicas. Chillar a la pareja, humillarla públicamente o hacer que se sienta gorda o poco atractiva son formas de maltrato. Es difícil sentirse digno de ser amado cuando otra persona está intentando por todos los medios que sientas que no vales nada. Es posible que el hecho de que alguien te diga que rompas una relación de este tipo no sirva de nada. Saber que tú eres mejor que esas relaciones es un buen punto de partida. Tú eres mejor que esas relaciones.

La excusa «pero ahora salgo con alguien importante»

 Querido Greg:

He salido tres veces con un hombre que es un magnífico partido. Es periodista y tiene una vida increíblemente emocionante; viaja mucho, vive grandes aventuras y hace observaciones sumamente interesantes. También es muy divertido. Me echa muchos piropos y creo que le gusto mucho porque siempre me pide que nos volvamos a ver. Siempre comenta que se lo ha pasado francamente bien conmigo. Pero lo cierto es que, de las tres veces que hemos salido juntos, no me ha hecho ni una sola pregunta sobre mí. Es obvio que está loco por mí, si no, no seguiría pidiéndome nuevas citas ni me repetiría una y otra vez lo atractiva que me encuentra. Tal vez en eso consista salir con un hombre interesante. ¡Es un buen partido, Greg!

Ronda

Querida «Audiencia cautivada»:

Eres realmente afortunada por haber encontrado a un hombre tan interesante. Vas a poder convertirte en la audiencia exclusiva de su masturbación conversacional. ¡Te pone a cien! Es obvio que él está tan impresionado consigo mismo como lo estás tú, pero no está loco por ti; sólo lo está por el aspecto que tienes cuando le escuchas. Cuando conocí a mi mujer, lo único que quería hacer era formularle preguntas. ¿Qué más me faltaba saber sobre su vida y sobre su forma de ser? Sí, también me gustaba explicarle cosas mías —quería impresionarla con proezas y gloria—, pero el intercambio era equitativo, porque yo creía que ella sí que era un buen partido. Cuando dos personas conectan, están hambrientas de información sobre la otra; se mueren por hacerse un esbozo de cómo era la vida de la otra cuando no estaban juntas, un vislumbre de su pasado, una mirada rápida en el interior de su mente, en un intento de ponerse en su piel. Este tipo parece un megalómano. Por lo menos podría haberte preguntado de qué color llevas la ropa interior.

Greg

Recuerda, tú eres el buen partido, la presa deseada. Ellos están tratando de echarte el lazo. No son ellos el lechal que estará tan rico asado a la brasa. Lo eres tú. Bueno, ya sabes a qué me refiero.

La excusa «pero se está encontrando a sí mismo»

 Querido Greg:

Mi novio lleva dos años en paro. Es muy tierno y encantador, pero no sabe qué hacer con su vida. Pincha discos de vez en cuando, pero básicamente depende de mí económicamente (yo trabajo y mi familia me ha dejado algo de dinero). Sé que está loquito por mí, pero necesita aclararse sobre qué es lo que quiere. ¿No? ¿O tal vez esté deprimido?

Julie

 Querida «La que lleva el pan a casa»:

A ver, no lo he entendido muy bien. ¿Le dejas algo de dinero cada mañana? ¿O le pagas por hacer las tareas domésticas? Escucha, millonetis, tal vez esté loco por ti, pero no está muy bien consigo mismo, o, si no, no habría permitido que lo mantuvieras durante dos largos años. Por lo tanto, viviendo a tu costa, se está comportando de una manera que coincide perfectamente con el modo de comportarse de alguien que no está loco por ti. Un hombre que estuviera loco por ti y bien consigo mismo intentaría arreglárselas lo antes posible. Y eso significa, en primer lugar, ganarse el pan. Además, ándate con cuidado: a menudo este tipo de hombres, en cuanto reorganizan sus vidas, se sienten tan bien que piensan que tienen que buscar una nueva relación. (Después de todo, ninguna mujer que valga la pena habría aguantado a un desastre de ese calibre durante tanto tiempo.) De modo que te aconsejo que dejes que se encuentre a sí mismo, pero no con tus ahorros. Y después espera a ver si el señor Pinchadiscos vuelve a entrar de nuevo en tu vida.

Greg

Todo el mundo puede atravesar un momento difícil pero, cuando las cosas se tuercen, no es cuestión de gastarse los ahorros de otra persona para pagar la cuenta del bar. El único trabajo que te tiene que preocupar es el de buscarte a alguien que no se encuentre tan cómodo viviendo a tu costa y a costa de tu familia.

La excusa «tal vez sólo sea un defectillo»

 Querido Greg:
   Estoy saliendo con un hombre que es muy sensible y tierno. El problema radica en que no le gusta demostrar el cariño físicamente. Él dice que lo único que le pasa es que no le gusta que lo toquen. Mantene-

mos relaciones sexuales y nos lo pasamos bien, pero no es muy amigo de las caricias ni de los abrazos. Por todo lo demás, nuestra relación es fantástica, de modo que mi queja puede parecer bastante rara. ¿Consideras que el hecho de que no me quiera acariciar ni abrazar es un signo de que no está loco por mí? ¿O será que tiene problemas sin resolver relacionados con la intimidad? No quiero dejarlo por eso, ¡pero yo necesito expresar y que me expresen el afecto físicamente!

Frida

 Querida «Hambrienta de afecto»:

Tengo que decirlo: no puedo evitar sospechar de alguien a quien no le gusta uno de los mayores placeres de la vida. ¿Qué otras cosas no le gustan a tu novio que tú todavía desconoces? ¿Los cachorros? ¿Los bebés? ¿Tener alma? Y si a ti te gustan los cariños por infinidad de razones obvias, ¿por qué tienes que renunciar a ellos porque te lo pide el señor Arisco? Sí, a algunos hombres les cuesta ser afectuosos, pero ¿no disfrutar de que les hagan cariños? Es difícil de entender. Es posible que esté loco por ti, pero resulta obvio que no es demasiado compatible contigo. Te aconsejo que reacciones, encuentres a alguien que disfrute con las cosas que te gustan a ti y tengas una larga vida llena de arrumacos.

Greg

Conocerás a gente que no le gusta que la toquen, la besen o mantener relaciones sexuales. Puedes invertir mucho tiempo intentando ayudarles a solucionar sus problemas, o pensando en si deberías tomártelo como algo personal. O puedes darte cuenta de que sencillamente no les gusta hacer cosas que tú consideras absolutamente necesarias para disfrutar de la vida, y luego ir en busca de alguien que comparta tus gustos.

La excusa rara y exótica «le asusta la intimidad de dormir juntos»

 Querido Greg:

Llevo un año de relación con un hombre que es incapaz de dormir conmigo en la misma cama. Después de mantener relaciones sexuales, que siempre son geniales y muy satisfactorias, se va a dormir al sofá. Me dice que es algo que va contra él. Por todo lo demás, nuestra relación va muy bien. Supongo que tiene algunos problemas relacionados con la intimidad y que debo tener paciencia. ¿Es un signo de que no está loco por mí o puedo limitarme a ignorarlo?

Gloria

Querida «Amante de un tipo raro»:

Aquí tienes lo que me gustaría hacer: apostar dinero a que no hay nada que vaya bien en la relación que mantienes con ese tipo. ¿Lleváis un año de relación y todavía no habéis dormido juntos una sola noche? Es obvio que tienes que darle la patada para que deje libre tu querido sofá y, de paso, vea la suela de tus botas. El hecho de que ni siquiera te importe lo que piensa sobre ti sólo es una prueba de que el mundo se está volviendo loco. Pon fin a esa aventura tan poco sana, por favor.

Greg

Si sales con hombres, conocerás a un amplio abanico de bichos raros y tipos de lo más estrafalario. Puedes estar tan segura de ello como de la muerte y de los impuestos. Lo único que puedes controlar es cuánto tiempo permites que esos «caballeros» ocupen un espacio en tu vida. Por si tienes alguna duda, debería ser unos diez minutos después de que manifiesten por primera vez un comportamiento completamente inaceptable (o te enseñen su cola de reptil). Bastan diez minutos para que te vistas y te asegures de borrar tu número de teléfono de la memoria de su móvil.

¡ES MUY SENCILLO!

Hay una diferencia muy clara entre lo excéntrico y lo patológico. A un excéntrico le puede gustar ponerse de vez en cuando una chaqueta de terciopelo. Uno mentalmente enfermo sólo querrá mantener relaciones sexuales contigo si lleva puesta esa chaqueta. Hay una diferencia entre pinchar un poco a alguien y maltratarlo. Pinchar a alguien es decirle algo como: «Acaba de llamar Björk. Quiere que le devuelvas su vestido!» Maltratarlo es decirle: «¡Qué gordo te estás poniendo!» Pero la diferencia más importante eres tú. Tú eres infinitamente mejor que el trato que estás recibiendo de esos hombres.

POR QUÉ CUESTA TANTO PONERLO EN PRÁCTICA (Liz)

He estado insinuándolo en todos los apartados titulados «Por qué cuesta tanto ponerlo en práctica», pero ahora lo voy a decir sin tapujos: no hay muchos hombres que merezcan la pena. Las estadísticas lo dicen, se escriben libros y artículos sobre ello y muchas mujeres estarían dispuestas a testificarlo bajo juramento. Y aquí tienes otra: hay más mujeres que merecen la pena que hombres. Apuesto lo que quieras a que lo habías dicho u oído antes. Y, espera, aquí tienes otra más: muchos hombres quieren salir con mujeres mucho más jóvenes que ellos, de modo que, a medida que te vas haciendo mayor, cada vez quedan menos hombres dispuestos a salir contigo. O sea que ¿por qué no le pedimos a Greg que se pase por nuestra casa con una pequeña calculadora de bolsillo para que nos diga, en vista de las cifras, cómo vamos a encontrar a un hombre que merezca la pena, que nos ame y a quien nosotras amemos también, con quien compartamos una apasionada atracción mutua y que, además, nos trate como unas reinas?

Exactamente. Parece imposible. De modo que resulta lógico, razonable e inteligente que todas esas mujeres fantásticas, listas, sanas, divertidas y educadas empiecen a pensar en la posibilidad de bajar el listón. Porque no sé si a ti te ocurre lo mismo, pero yo detesto no tener pareja. Detesto ir sola a las fiestas. Detesto dormir sola y despertarme sola. Detesto saber que cualquier simple recado que tenga que hacer tendré que hacerlo sola. Detesto no mantener relaciones sexuales. Detesto comprar para uno y cocinar para uno. Detesto ir de boda. Detesto que la gente me pregunte por qué sigo soltera. Detesto que la gente no me pregunte por qué sigo soltera. Detesto mi cumpleaños porque sigo sin tener pareja. Detesto tener que pensar en la posibilidad de tener un hijo sola porque no tengo pareja. No tengo pareja. ¿Lo he dejado lo bastante claro?

Por supuesto, no creo que la gente deba salir con personas que maltratan. Pero hay grados sutiles de malos tratos. Los maltratadores tienen muchas caras diferentes. ¿Y qué pasa con los hombres sobre los que hemos estado hablando en este capítulo? No son sólo unos cerdos. También pueden ser encantadores. Y hay muchos días en que, personalmente, pienso que es mejor estar con alguien que cae mal a tus amigos pero que te ayudará a cargar la compra que estar sola. O sea que lo reconozco: éste consejo me parece muy difícil de poner en práctica, tan difícil que creo que Greg debería hacerse cargo de ello. Es demasiado difícil. Yo soy una mujer muy pragmática, de modo que, en vista de cómo están las estadísticas, no sé por dónde tirar. Sé que tenemos que querernos a nosotras mismas y creer que merecemos ser felices y ser optimistas. Pero también sé que no soporto estar sola. Greg, ¿nos estás diciendo que deberíamos seguir solas y selectivas y no contentarnos (y, por lo tanto no casarnos ni establecernos) hasta que conozcamos a ese hombre que creamos que es el elegido? Es muy duro estar sola. Greg, tienes que asumirlo. No sé por dónde tirar.

LA RESPUESTA DE GREG

Hemos llegado al quid de la cuestión, ¿no crees? No es tan divertido cuando llegas al doloroso y solitario centro de todo. Y creo que se trata de un problema mucho más profundo que responder a la pregunta de si él está o no loco por ti. He pasado muchas noches con muchas amigas mías (y mi propia hermana) que se deshacían en lágrimas mientras yo intentaba hacerles entender que ellas valían mucho más que los hombres que estaban destrozando sus vidas. De modo que intentaré responder a tu pregunta lo mejor que pueda.

Mucha gente no soporta estar sola y sentirse sola. Lo entiendo, lo entiendo, lo entiendo. Pero sigo teniéndolo que decir: creo en lo más profundo de mi ser que estar con alguien que te hace sentir fatal o que no te respeta como persona es peor que estar sola.

Las estadísticas son desoladoras. Pero no utilices las estadísticas para desmoralizarte o para alimentar tus miedos. Esas estadísticas no sirven para nada, aparte de para asustarte y asustar a tus amigas. De modo que te aconsejo lo siguiente: ¡pasa de las estadísticas! Es tu vida, ¡cómo te atreves a no tener fe en ella! La única historia que me ha ayudado alguna vez a mí, Greg Behrendt, a vivir la vida satisfactoriamente es la historia de la fe; yo creo en que la vida te acabará yendo bien. Y, más fervientemente, creo que tú no tienes otra elección que creértelo también. Estoy escribiendo este libro y tú y otras mujeres lo estáis leyendo porque todos estamos cansados de actuar dejándonos llevar por el miedo. Tú quieres creer que eres mejor que toda esa bazofia que te han estado dando todos esos hombres durante todos esos años. ¡Y tienes toda la razón! Tú eres un ser humano excelente, eres lista y mereces amar y ser amada, y la única forma de alcanzar esa meta es respetándote a ti misma, lo cual, como mínimo, implica dar la patada a todos esos tipos que no merecen la pena y subir bastante el listón.

Empecemos con esta estadística: tú eres deliciosa. Sé valiente. Sé que puedes sentirte sola. Sé que puedes desear compañía y sexo y amor con tanta intensidad que hasta te duela físicamente. Pero yo creo sinceramente que la única manera de que encuentres algo mejor es empezar creyéndote que hay algo mejor. Yo lo creeré por ti hasta que estés preparada.

ASÍ ES COMO DEBERÍA SER (Greg)

A mi amiga Amy le aterran los payasos, por lo que su esposo Russell se asegura de que nunca vea a uno o se le acerque uno. Esto puede no parecer una tarea difícil o que requiera demasiado sacrificio personal, hasta que intentas evitar a todos los payasos que hay en el mundo. Bueno, no es tan fácil como parece. Te sorprenderías de la cantidad de payasos que andan por ahí sueltos. Pero Russell sigue erre que erre porque, después de dos años de matrimonio, sigue queriendo proteger a su mujer de todo lo que le asusta.

GREG, ¡LO HE ENTENDIDO!
(Georgia, 33 años)

Estuve saliendo con un chico que no se esforzaba nada en ser simpático con mis amigos. Apenas esbozaba una sonrisa cuando los veía y no establecía contacto ocular con ellos. Cuando mantenía una conversación con ellos, nunca les hacía ninguna pregunta sobre sus vidas. A veces, cuando ellos le estaban diciendo algo, les volvía la cara, sin más. Jamás me dijo que no le gustaban, pero se comportaba como si así fuera. Está bien, lo admito: yo no rompí con él por ese motivo. Fue él quien acabó dejándome. Pero ahora, mirando hacia atrás, me alegro de no estar con alguien como él. Quiero estar con alguien que se esfuerce por agradar a mis amigos. Quiero salir algún día con un hombre que, cuando se lo presente a mis amigos, éstos me llamen al día siguiente para decirme: «¡Vaya! Tu novio es fantástico!»

SI NO CREES A GREG

Un amigo quiere romper con la chica con quien sale, pero no se atreve a hacerlo. (Sí, somos una especie muy rara.) Cuando le pregunto que a qué espera, siempre me contesta lo mismo: «Greg, estoy esperando a la gran pelea. Sólo estoy esperando a la gran explosión.» Mientras tanto, la pincha, la fastidia y la provoca para que estalle de una vez y así él tenga una excusa para cortar con ella. No habla muy bien de él, pero espero que este ejemplo te ponga sobre aviso.

El 100 % de los hombres encuestados dijeron que nunca habían intentado atormentar o humillar a una mujer que les gustaba de verdad. Bueno, es un buen punto de partida.

Qué deberías haber aprendido en este capítulo

✔ La vida ya es lo bastante dura sin elegir a una persona difícil para compartirla.

✔ Te mereces estar con alguien que te trate bien todo el tiempo. (Por descontado, tú también tienes que tratarlo bien a él.)

✔ Nunca hay un motivo para gritar a nadie, a menos que esté en peligro inminente.

✔ Los tipos raros deben estar en el circo, no en tu piso.

✔ No necesitas a ningún sinvergüenza en tu vida.

✔ Haz un hueco en tu vida para todas las cosas maravillosas que te mereces.

✔ Ten fe. ¿Acaso te queda otra opción?

Un ejercicio práctico que te será de gran ayuda

Si mantienes una relación que sospechas que no te conviene, pero no estás segura de ello, haz este sencillo ejercicio:

Coge un radiocasete. Grábate a ti misma mientras explicas la historia de tu relación. Escúchala. Imagínate que te la está contando tu mejor amiga. ¿Querrías algo mejor para ella?

Si te resulta imposible pensar que te mereces algo mejor, por lo menos trata de creer a esa amiga que opina que tú mereces algo mejor... el tiempo suficiente para que pongas fin a esa relación.

12

No hagas caso de esas historias

Seguro que existen ese tipo de historias. Hombres que al principio fueron perseguidos por mujeres que acabaron convirtiéndose en el amor de sus vidas; el hombre que trataba a patadas a aquella chica con quien se estuvo acostando de vez en cuando durante un par de años, pero ella aguantó y él se acabó convirtiendo en un esposo fiel y un buen padre de sus hijos; el hombre que tardó un mes en llamar a una chica después de acostarse con ella y, cuando la llamó, se juntaron y vivieron felices hasta el fin de sus días; la mujer que se lió con un hombre casado que se separó de su primera esposa y le dio un matrimonio largo y maravilloso.

Haz oídos sordos a esas historias. No te ayudarán. Son la excepción, no la regla. Queremos que pienses en ti misma como en la regla. Pensar en que eras la excepción es lo que te hizo meterte en este embrollo en un principio. Diles a tus amigas que dejen de contarte ese tipo de historias. Cada vez que oigas una de esas historias, una historia en la que una mujer fue tratada inadecuadamente pero al final todo salió bien, tápate los oídos y empieza a decir «blablablá».

Tú eres excepcional, ¡pero no la excepción!

13

¿Y ahora qué?

Está bien. Lo que hemos hecho ha sido echar un jarro de agua fría sobre vuestra vida privada. Lo reconocemos. Si todas las mujeres que salen en este libro escucharan nuestras respuestas, habría una nueva hornada de mujeres solas. Por lo tanto, parece que es nuestro deber comentar qué debe hacer una después de romper una relación.

No somos psiquiatras ni tampoco muy femeninas (sobre todo Liz), o sea que no creas que te vamos a hablar sobre encender velitas, tomar baños de espuma y enviarte flores a ti misma. Pero creo que podemos pedirte que, por lo menos, intentes darte cuenta, aunque sólo sea un poquito, de lo bien que sienta salir de una relación con alguien que no estaba realmente loco por ti. ¿Puedes sentir, por lo menos, esa sensación de alivio? Si piensas en ello, te darás cuenta de que el hecho de inventar todas esas excusas para justificar el comportamiento de otra persona e intentar «entenderla» consume gran cantidad de energía. Piensa en todo el tiempo que tienes a tu disposición para hacer muchas cosas más positivas que obsesionarte con él. Sí, las rupturas sentimentales son dolorosas, incluso cuando se trata de romper con alguien con quien sólo has salido unas cuantas veces. Tal vez estabas entusiasmada con él y te habías hecho muchas ilusiones. Pero qué revitalizante es tener la claridad mental suficiente para decir: «No le importaba lo suficiente.» ¿Puedes imaginarte a esa mujer en el futuro? ¡No habrá nada que la detenga! Hay un millón de cosas que puedes hacer después de romper una relación; lo que hagas durante ese periodo —yoga, escuchar cintas de autoafirmación, asesinar a alguien— es cosa tuya. Pero, básicamente, vas a tener que sentir el dolor, vas a tener que pasar por ello y vas a tener que superarlo. Lo único que podemos intentar hacer en este libro es ayudarte a actuar de forma diferente en el futuro. Lo primero que te vamos a recomendar es que te fijes unos criterios, subas el listón y no lo bajes pase lo que pase.

Redefine tus criterios

Seguro que me contestarás: «Pero si yo ya tengo mis propios criterios.» Bueno, esos criterios te condujeron hasta este libro, de modo que vamos a cambiarlos: es hora de subir el listón. Pon el listón a una altura que te permita llevar una existencia digna. Responsabilízate de cómo te van a ir las cosas la próxima vez. (Pero entonces nos preguntarás: «¿Y si no hay próxima vez?» Y nosotros te contestamos: «Deja esa pesada carga de malas noticias en el barco abocado a hundirse. Ese barco tiene como destino la isla de la Tristeza y no queremos verte allí.»)

Un listón es el nivel que uno establece para sí mismo sobre lo que está dispuesto a tolerar o no tolerar. Tú tienes que decidir a qué altura vas a poner el listón. Ahora puedes definir a la persona con quien deseas estar en el futuro y los criterios que quieres que cumpla. Anota tus nuevos criterios para que no los olvides nunca, por muy atractivo que encuentres a alguien o por mucho tiempo que lleves sin mantener relaciones sexuales. (Está bien, reconocemos que algunos de nuestros ejercicios prácticos son un poco tontos, pero esta vez va en serio.) Asegúrate de que tus criterios reflejan lo que a ti te importa, lo que estás dispuesta a tolerar y aquello en lo que crees.

Y puesto que, por descontado, creemos que sabemos más que tú (estamos escribiendo un libro, ¿verdad?), vamos a darte algunas pautas.

SUGERENCIAS SOBRE TUS CRITERIOS

No saldré con un hombre que no me pida primero una cita.

No saldré con un hombre que me mantenga a la espera de sus llamadas.

No saldré con un hombre que no esté seguro de querer ser mi pareja.

No saldré con un hombre que me haga sentir no deseable sexualmente.

No saldré con un hombre que beba o consuma drogas hasta el punto de hacerme sentir incómoda.

No mantendré una relación sentimental con un hombre al que le asuste hablar sobre el futuro.

No dedicaré mi precioso tiempo, bajo ninguna circunstancia, a un hombre que me haya rechazado.

No saldré con un hombre casado.

No mantendré una relación sentimental con un hombre que no sea una buena persona o que no sea amable y afectuoso.

Ahora te toca a ti. Solamente tú sabes los criterios que te has fijado a ti misma. Anótalos. Y no los olvides.

MIS CRITERIOS SUPERÚTILES QUE NUNCA OLVIDARÉ NI ME SALTARÉ POR MUY ATRACTIVO QUE ENCUENTRE A ALGUIEN

1.

2.

3.

4.

5.

6.

7.

8.

9.

10.

Glosario

Ahora que ya has establecido tus criterios, queremos asegurarnos de que los respetas. La gente habla sobre las banderas rojas o las señales de alarma pero no suele explicarte cómo detectarlas. Por eso hemos elaborado este práctico glosario sobre las palabras que los hombres utilizan más habitualmente cuando, en el fondo, quieren decir: «No estoy loco por ti.»

PALABRAS Y FRASES APARENTEMENTE INOCENTES QUE TAMBIÉN SE PUEDEN USAR CON SEGUNDAS INTENCIONES

	Qué debería significar	Qué significa a veces
Amigo	Nunca haría nada para hacerte daño intencionadamente.	No estoy loco por ti.
Ocupado	Acaban de elegirme presidente de Estados Unidos.	No estoy loco por ti.
Chico malo	Un hombre del que deberías mantenerte alejada.	Un hombre del que deberías mantenerte alejada.
No estoy preparado	No encuentro mis calzoncillos.	No estoy loco por ti.
Llámame	Se me ha caído el móvil al mar y he perdido tu número de teléfono.	No estoy loco por ti.
Paso de tu familia	No quiero salir con tu madre.	No estoy loco por ti.
Miedo a la intimidad	Miedo a la intimidad.	No estoy loco por ti.

14

Preguntas y respuestas con Greg

Sé que algunas de las ideas que contiene este libro son nuevas para muchas personas y difíciles de digerir. Por este motivo, considero que Greg todavía tiene que explicar algunas cosas para asegurarnos de que nadie extrae una conclusión equivocada. Bueno, no voy a mentir, voy a utilizar a Greg para que me explique unas cuantas cosas. Algunas de estas ideas son nuevas para mí y me resultan difíciles de digerir.

Liz

1) **Greg, ¿en serio crees que no puedo invitar a un hombre a salir? Los hombres dicen que les impongo respeto. Pero no veo por qué no puedo ayudarles un poco siendo yo quien dé el primer paso.**

La mayoría de las grandes cosas que queremos en la vida nos imponen respeto. Eso es lo que las hace tan emocionantes. ¿De verdad tienes tiempo para un hombre que te tiene tanto «respeto» que ni siquiera se atreve a invitarte a un café?

2) **Greg, ¿estás seguro de que hay tantos hombres estupendos en el mundo que puedo permitirme el lujo de dar la patada a esos otros que distan bastante de la perfección?**

Sólo puedo responder a esta pregunta diciéndote que mantener una buena relación es mucho mejor que mantener una mala, y nunca podrás tener una buena relación si sigues pegada al señor Impresentable Cuál Era su Nombre. Solamente tú puedes saber si la relación que mantienes ahora es o no lo bastante buena para ti. Una buena pista de que no lo es sería, por ejemplo, que sigas con él porque te da miedo quedarte sola.

3) **¿Y si prefieres estar con alguien que no está loco por ti a estar sola?**

Ya sé por dónde vas. Puedes sentirte fatal y estar sola. O sentirte exactamente igual pero, por lo menos, tener a alguien con quien irte de vacaciones. Entendido. Podría parecer una buena opción, si no fuera porque las únicas dos opciones que te das a ti misma implican sentirte como un trapo. Saliendo con un tipo que no está loco por ti, estás asegurándote que no encontrarás nunca a un hombre que sí lo esté. Te recomiendo que asumas el riesgo de pasar sola las Navidades y posiblemente de sentirte sola durante un tiempo, sabiendo que lo haces por algo que, a la larga, va a compensarte con creces.

4) **Greg, ¿crees de verdad que hay tantos hombres en el mundo capaces de dar todo el afecto que yo creo que merezco?**

Sí. Lo creo. Lo creo. Lo creo. Si no, no estaría escribiendo este libro.

5) **Greg, en el libro dices que no debería hablar con mi ex novio a menos que me suplique que volvamos a estar juntos. Pero luego dices que encontrarías sospechoso que un hombre me pidiera que volviéramos a estar juntos después de haber cortado conmigo. ¿En qué quedamos?**

Bueno, la idea principal es que quiero que sepas ver la diferencia entre un ex que simplemente te echa de menos y necesita que le pongas los puntos sobre las íes y un hombre que se da cuenta de que ha cometido un grave error y quiere sinceramente volver contigo. Pero, incluso en este último caso, considero que deberías ir con pies de plomo y cuestionar los motivos de tu ex. Y, categóricamente, quiero que te alejes de cualquier hombre que haya desarrollado el hábito de cortar contigo.

6) **¿Crees que un «chico malo» puede convertirse en uno bueno en el seno de una relación?**

Detesto tener que decirle esto a alguien que se puede encontrar en una situación insatisfactoria y quiere que yo la apruebe. Creo que todo es posible. De todos modos, mi experiencia ha sido que la mayoría de los hombres no cambian, y los que he visto cambiar sólo lo han hecho al conocer a otra mujer.

7) **¿Y si sólo parecen atraerme hombres que no están locos por mí?**

O sea que tienes esa extraña manía que, de algún modo, te lleva a oler desde lejos a aquellos hombres que, a la larga, no van a estar dispuestos a entregarte tu corazón. Podemos hablar sobre por qué tienes esa tendencia y sobre cuáles son esas prioridades que te hacen ver a ese tipo de hombres tan atractivos, pero lo que podemos rectificar más fácilmente es el tiempo que permaneces enganchada a esos hombres en cuanto te das cuenta de que no están locos por ti. En tu camino se van a cruzar muchos hombres que merecen y que no merecen la pena. Lo que sí puedes controlar, sin lugar a dudas, es a cuáles vas a elegir para dedicarles tu tiempo.

8) **Venga, Greg, admítelo. A veces hay razones reales y sinceras por las que un hombre a quien le gusto de verdad puede no estar en situación de iniciar una relación seria conmigo, sin que eso signifique necesariamente que no está loco por mí.**

Tal vez haya hombres como el que describes, o tal vez no. Esto es lo único que tienes que recordar: el señor No Estoy Preparado, a fin de cuentas, es exactamente el mismo que el señor No Estoy Loco por Ti, en el sentido de que ninguno de los dos quiere iniciar una relación seria contigo. Uno de ellos puede decirte que «no puede» estar contigo, pero el resultado seguirá siendo el mismo: no va a estar contigo. No permitas que sus complicaciones personales te confundan y te hagan esperarle hasta que esté preparado. Ahora no se puede permitir estar loco por ti. Y tú te mereces algo mejor.

9) **Pareces tener una extraña fascinación por las mujeres en ropa interior. ¿A qué se debe?**

Creo que no hay nada más sexy que una mujer en ropa interior. ¡Demándame!

15

Comentarios finales de Greg

No pierdas el tiempo

Una noche estuve conversando con una chica que acababa de conocer en Austin (Tejas), que tenía un problema muy habitual del tipo de «No está loco por ti». Había conocido a un hombre en el trabajo que al principio se la intentó ligar descaradamente. Se acostaron la primera vez que salieron juntos y después él desapareció, metafóricamente hablando. No se fue a ninguna parte y siguieron viéndose en el trabajo, pero el hombre al que había conocido se había esfumado y lo sustituyó un hombre que evitaba mirarla a los ojos, que siempre estaba gruñón y cansado, que no quería mantener relaciones sexuales con ella a menos que estuviera borracho y que nunca hacía planes serios para verla. Ah, pero le dijo que ella era la chica más genial que había conocido en toda su vida, que nunca se había sentido tan a gusto con nadie y (si lo has adivinado) que estaba asustado. Yo tuve ganas de conocer a ese tipo para poder colocarlo dentro de una caja de cristal y pasearlo por todo el mundo con un letrero donde dijera: «Éste es el hombre del que te hemos estado hablando. ¡No te acerques a él!» Estaba entusiasmado con la idea de mostrar al mundo un perfecto exponente de mi concepto recién acuñado de «No está loco por ti». «Ella va a darle la patada como las chicas de

Sex and the City, apuntando hacia una realidad nueva y mucho más gratificante», pensé para mis adentros. Pero, mientras intentaba compartir mis ideas, percibí cierta tensión.

—¿Cómo sabes que encontraré a otro hombre? —me preguntó.

—No lo sé, pero no le veo ningún sentido a mantener una relación que parece hacerte sufrir y que, encima, no está a tu altura. Tú eres una tía genial, obviamente muy atractiva...

—¡Tú no me conoces! —me contestó casi gritándome y cortándome a media frase—. ¿Cómo puedes saber si puedo aspirar a algo mejor? ¡Me acabas de conocer! Además, ¿a ti qué te importa?

¡Qué fuerte! Me quedé de piedra. Por un momento, me dejó sin palabras, pero entonces recordé por qué estoy escribiendo este libro, y le dije lo mismo que ahora te digo a ti: «No necesito conocerte para saber que nunca deberías pensar así de ti misma.» ¿Que por qué me importa? O, todavía mejor, ¿quién soy yo para dar consejos a otras personas? Yo fui un hombre soltero que solía dar las mismas excusas nada convincentes que dan muchos hombres, de modo que sé muy bien de qué van esos tipos. Cuando conocí a mi mujer, Amiira, me convertí en un hombre diferente, un hombre que acudía siempre a las citas y se adaptaba, y estaba contento de hacerlo, porque creo en el verbo «amar» más que en el sustantivo «amor». Creo en dejar que la mujer que amo sepa que la amo todo el tiempo por mis acciones. ¿Que por qué me importa? Porque tengo una hermana y muchas amigas a quienes quiero con locura, a pesar de que no quieran escuchar mis avisos cuando se meten en relaciones que no merecen la pena. Porque tengo una hermana maravillosa y muchas amigas estupendas que siguen sin tener la confianza suficiente para creer que merecen algo mejor y que sólo encontrarán a alguien que merezca realmente la pena cuando se descarguen del lastre de los novios inadecuados que llevan a cuestas. Porque tengo una hermana increíble y muchas amigas inteligentes que todavía no acaban de aceptar que el amor profundo es sumamente edificante, alegre, inspirador y embriagador, y nunca deberían conformarse con menos que eso.

Es muy divertido tener cierta intuición y saber dar respuestas ocurrentes a las cartas que me escriben, pero el núcleo central del concepto de «No está loco por ti» puede tener un efecto realmente trascendental y mágico en tu vida. Me daré por satisfecho si te ayuda a liberarte de una relación que no te llega a la altura del zapato. Y los dos sabemos que tú eres la única que puedes liberarte a ti misma. No pretendo solucionarte la vida, pero sé cómo ayudarte a que reconozcas el problema. Sé que te mereces una relación hermosa y una vida mejor. Yo creo que eres hermosa, y, en tu fuero interno, tú también lo crees, si no, no estarías aquí. Creo que la vida es un regalo increíblemente bello y fugaz, de modo que no pierdas el tiempo. Como dice el dicho: no está hecha la miel para la boca del asno. Si estás leyendo este libro, es porque quieres que tu vida mejore. Si estás leyendo este libro, yo también quiero que las cosas te vayan mejor.

Greg

16

Comentarios finales de Liz

Greg puede sacarte de quicio

Greg puede sacar bastante de quicio. Me hago cargo de ello. Trabajamos juntos. Incluso mientras estábamos escribiendo este libro se las apañaba para destrozar todos los sueños que yo tenía y las esperanzas que había puesto en los hombres con quienes planteaba iniciar una relación. Parece como si nadie fuera lo bastante bueno para Greg. Es imposible complacer a Greg, con sus elevadas exigencias sobre el comportamiento de los hombres. ¿Quién se cree que es? ¿Y qué más da si mi novio me llama el lunes en vez de hacerlo el fin de semana como dijo que iba a hacer? ¿Qué hay de malo en ello? ¿Acaso es algo tan aberrante, Greg? ¡Si no hay más que un asqueroso día de diferencia! Con tus criterios imposibles de cumplir, Greg, voy a tardar ocho años en encontrar novio.

Además, es tajante. Para él todo es blanco o negro. No conoce el gris ni los matices. Pero yo sí. De hecho, me he instalado en la zona gris. Es la elección que me parece más adecuada (aunque el mantenimiento me sale un poco caro). Yo no sé qué haría teóricamente si llevara quince años casada y tuviera tres hijos y mi marido me pusiera los cuernos. Greg sí lo sabe. Él siempre habla en términos absolutos.

Además, yo soy pesimista, y el optimismo inquebrantable de Greg me molesta mucho. Me irrita cuando dice que él cree que todo el mundo —si lo cree de verdad y está abierto a ello— encontrará una buena persona a quien amar. Yo no lo creo. Creo que muchas de esas personas que están solteras y preparadas para encontrar el amor en sus vidas pueden contraer un cáncer y morir, o ser atropelladas por un coche o, simplemente, no encontrar al amor de su vida y tal vez contentarse con menos. (Por eso no soy yo la que contesto a todas las preguntas.)

También sé que a veces me siento muy sola. Y Greg lleva cinco años con su mujer. No sabe cómo es la soledad de una persona soltera. A él le resulta muy fácil sentarse tranquilamente viéndolas venir y pedirme que siga buscando hasta que encuentre al hombre idóneo, él tiene una cita segura para cada día de San Valentín durante el resto de su condenada vida.

Pero, en el fondo, creo que tiene razón —la mayor parte del tiempo— y eso es lo que más me saca de quicio. Greg es el hermano mayor que todas deberíamos tener en nuestras vidas (y en nuestras cabezas). Exige que los hombres nos traten incluso mejor de lo que nosotras creemos que nos deberían tratar. Nos han condicionado a esperar muy poco, nos han dicho que no seamos exigentes, que no parezcamos dependientes ni mostremos nuestras necesidades afectivas. Pero ¿qué ocurriría si todas las mujeres del mundo escucháramos a Greg, si todas empezáramos a insistir en que los hombres deben cumplir con su palabra, tratarnos con respeto y colmarnos del amor y el afecto que necesitamos? Creo que habría muchos más hombres en el mundo que se portarían como es debido. Eso es todo cuanto quiero decir.

Y en lo que respecta a la forma que tiene Greg de ver el

mundo, bueno, puedo darte argumentos increíblemente válidos, respaldados por estadísticas de por qué mi pesimismo es el enfoque más realista. Pero ¿acaso eso me hará más feliz? Ya ves dónde estoy ahora, con cuarenta y un años y todavía soltera. ¿Cuáles son los puntos de vista y las actitudes que me van a convertir en una persona más feliz? Ya soy lo bastante inteligente. Lo que ahora necesito es una dosis constante de felicidad en mi vida.

Si estás leyendo este libro, es bastante probable que seas una mujer que ha pasado demasiado tiempo con hombres que le han dado demasiado poco, lo que significa que tal vez harías bien en seguir los consejos de Greg. ¿A qué mujer no le iría bien tener a un hombre susurrándole al oído, recordándole que es inteligente, válida, digna de consideración y estupenda, y que merece todo lo que siempre ha deseado? A ninguna. El mundo nos bombardea con multitud de mensajes que nos dicen lo contrario. Creo que Greg nos grita tan alto con la esperanza de que dejemos de oír parte de ese ruido.

Espero que este libro te haya trasmitido un mensaje de esperanza. Espero que te haya hecho reír un poco, al reconocerte en algunas de sus anécdotas. Y espero que encuentres un amor fantástico, sano y que te cambie la vida, exactamente como habías imaginado.

Tal vez con unas pocas sorpresas añadidas sólo para divertirte.

Liz